Contribuições da avaliação psicológica no contexto organizacional

Um estudo com o BPR-5, BMF-1 e o PMK

Viviane de Oliveira Baumgartl
Ricardo Primi

Contribuições da avaliação psicológica no contexto organizacional

Um estudo com o BPR-5, BMF-1 e o PMK

Casa do Psicólogo®

1ª edição
2006

Editores
Ingo Bernd Güntert e Silésia Delphino Tosi

Produção Gráfica e Editoração Eletrônica
André Cipriano

Capa
Escritório de Histórias

Dados Internacionais de Catalogação na Publicação (CIP)
(Câmara Brasileira do Livro, SP, Brasil)

Baumgartl, Viviane de Oliveira
Contribuições da avaliação psicológica no contexto organizacional: um estudo com o BPR-5, BFM-1 e o PMK / Viviane de Oliveira Baumgartl, Ricardo Primi. – – São Paulo: Casa do Psicologo®, 2005.

Bibliografia.
ISBN 85–7396–426-X

1. Desempenho - Avaliação 2. Inteligência - Testes 3. Personalidade - Testes 4. Pessoal - Avaliação 5. Pessoal - Seleção e colocação 6. Testes psicológicos I. Primi, Ricardo II. Título

05–6546 CDD–358.31125

Índices para catálogo sistemático:

1. Avaliação Psicológica: Seleção de pessoal: Administração 658.31125
2. Pessoal: Seleção: Avaliação psicológica: Administração 658.31125

Impresso no Brasil
Printed in Brazil

Casa do Psicólogo®
Rua Mourato Coelho, 1059 Vila Madalena 05417-011 São Paulo/SP Brasil
Tel.: (11) 3034.3600 – *e-mail*: departamentodepesquisa@casadopsicologo.com.br
site: www.casadopsicologo.com.br

Agradecimentos

Gostaríamos de agradecer, em primeiro lugar, à professora Elisabeth do Nascimento, da Universidade Federal de Minas Gerais, pelo apoio e incentivo prestados no momento de elaboração do projeto de pesquisa, que resultou na publicação do presente livro. Agradecemos também à professora Ana Paula Porto Noronha, da Universidade São Francisco, pela presteza e atenção na leitura cuidadosa deste trabalho.

Gostaríamos de fazer um agradecimento especial aos sujeitos da pesquisa, o setor de linha viva, que sempre confiou e recebeu os trabalhos da psicologia como um desafio e uma possibilidade de mudança baseada na confiança e respeito pelos profissionais da área de saúde. Obrigado, também, aos amigos Dr. Zé Amaro e Gilberto Paiva, que sempre se mostraram disponíveis para contribuir na pesquisa, sendo um exemplo de profissional ético e responsável com o ser humano. De modo especial, agradecemos a todos que nos mostraram que não adianta existir conhecimento, se este não for utilizado de forma ética, responsável e em prol do crescimento do ser humano.

Ms Viviane de Oliveira Baumgartl
Laboratório Prof. Dr. Emilio Mira y Lopez
PUC Minas em Betim

Dr. Ricardo Primi
Universidade São Francisco
Itatiba/SP

Sumário

Apresentação

A avaliação psicológica brasileira encontra-se em um momento importante de seu desenvolvimento. Por muitos anos os psicólogos tiveram dificuldades na realização de avaliações, em razão da ausência de instrumentos com estudos de normatização para amostras brasileiras, além de existirem poucos estudos de validação na maioria dos contextos em que os instrumentos eram usados, do pequeno número de instrumentos nacionais, de preparações profissionais inconsistentes, e da repercussão negativa dos resultados das avaliações, dentre inúmeros outros problemas.

A partir da década de 80, e mais especialmente de 90, houve uma atenção maior para a área de avaliação, com investimentos na construção de instrumentos e, com o conseqüente aumento de pesquisas. Instituições universitárias criaram seus laboratórios de avaliação psicológica, eventos científicos foram promovidos tendo como objeto de estudo a avaliação e os instrumentos de medida, uma associação brasileira de avaliação psicológica foi criada, assim como se lançou um periódico especializado e um programa de pós-graduação na área (mestrado e doutorado).

Não é difícil admitir que nunca se produziu tanto na área como nos últimos anos, nos vários contextos de aplicação da avaliação psicológica. Especialmente na realizada em empresas, objeto de investigação da presente obra, ainda há que se aperfeiçoar, uma vez que processos têm sido realizados sem que os instrumentos utilizados sejam válidos e precisos para tal fim, de tal sorte que há aplicações indevidas e gastos desnecessários, sem que os resultados sejam satisfatórios.

É com grande satisfação que recomendo este livro, resultado da pesquisa de dissertação realizada pela primeira autora, sob orientação do segundo autor no Programa de Pós-Graduação *Stricto Sensu* em Psicologia da Universidade São Francisco, vinculada à Linha de pesquisa intitulada *Construção, Validação e Padronização de Instrumentos de Medida.* Pretende discutir a problemática da avaliação psicológica em questão, à medida que estuda as evidências de validade de instrumentos usados no contexto organizacional, por meio de medidas de desempenho de funcionários no trabalho. Por outro lado, traz à luz da reflexão teórica e dos dados empíricos, a necessidade de se buscar avaliações que estabeleçam melhor adaptação do funcionário ao trabalho, com menos risco e acidentes.

O capítulo 1 *"Histórico da utilização de testes psicológicos no contexto organizacional"* apresenta uma perspectiva teórica sobre a utilização de testes em empresas, tanto em âmbito nacional, quanto internacional, além de relacionar pesquisas sobre a validade de processos de seleção. O capítulo 2 *"Os aspectos mais avaliados em processos organizacionais"* trata da revisão das medidas cognitivas de atenção e da personalidade, enquanto os "*Critérios utilizados para a avaliação do desempenho no trabalho*" são abordados no 3º capítulo, em que se encontra os critérios utilizados pelas empresas para avaliar o desempenho de funcionários. A descrição metodológica da pesquisa, mais especialmente a descrição dos sujeitos, dos materiais utilizados e dos procedimentos de coleta e análise de dados encontram-se no Capítulo 5, intitulado "*Um estudo com o BPR-5, BFM-1 e PMK*", assim como os resultados e as implicações para pesquisas futuras.

A obra é interessante e tende a colaborar para com o crescimento da avaliação psicológica no Brasil, à medida que os dados de pesquisa revelam um cenário preocupante e, ao mesmo tempo, propício a investigações. Parabéns aos autores e votos de que a produção na área continue sendo alimentada.

Itatiba, maio de 2005.

Ana Paula Porto Noronha

Coordenadora do Programa de Pós-Graduação *Stricto Sensu* em Psicologia da Universidade São Francisco

Capítulo 1
Histórico da utilização de testes psicológicos no contexto organizacional

1.1 O início da utilização dos testes em organizações

O surgimento da disciplina Psicologia Industrial ou Organizacional é quase tão antigo quanto o da própria psicologia. A primeira publicação realizada sobre a aplicação de princípios psicológicos em atividades de negócio e comércio ocorreu em 1903, e o primeiro texto sobre psicologia industrial, em 1910. Autores como Hugo Münsterberg, James Cattell, Walter Dill Scott e Walter V. Bingham foram as principais referências nesta época, tendo contribuído para o avanço do conhecimento psicológico na área industrial por meio de estudos realizados sobre motivação, percepção, sugestão, persuasão e inteligência (Landy, 1997).

O uso de testes psicológicos nos processos de seleção de pessoal também é uma prática antiga dos psicólogos, datando do início do século XX (Ghiselli, 1973; Sampaio, 1998). Tradicionalmente, o experimento de Hugo Münsterberg com trabalhadores de linhas ferroviárias marcou o início da pesquisa na utilização de testes psicológicos para seleção de pessoal. Durante o período de 1907 a 1916, este autor foi um dos responsáveis pela criação do Instituto Nacional de Psicologia Industrial e suas contribuições foram bastante úteis para a classificação de recrutas durante a 1ª Guerra Mundial (Landy, 1997).

Os testes psicológicos, considerados procedimentos padronizados de discriminação de características psicológicas (Anastasi & Urbina, 2000), começaram a ser utilizados em organizações a partir da construção de escalas de inteligência por Alfred Binet. Após Binet, na segunda década do século XX, os testes conhecidos como "Army Alfa" e "Army Beta" foram aplicados a recrutas do exército americano com o objetivo de indicar características individuais de cerca de um milhão e meio de sujeitos (Sampaio, 1998).

O uso dos testes em empresas norte americanas começou por volta de 1930 e tal utilização se destacou em função da credibilidade conferida aos "Army Tests" e aos testes de aptidão. Os testes eram empregados, principalmente, com finalidade diagnóstica e preditiva. Esta última finalidade dizia respeito à habilidade do instrumento em prever a aprendizagem de tarefas, ajustamento e adaptação a condições de trabalho e de relacionamento entre pessoas e grupos.

Para uma inserção mais eficaz no contexto organizacional era necessário, no entanto, que os testes psicológicos se mostrassem eficientes na discriminação de critérios relevantes para o bom desempenho do funcionário na função. Neste sentido, medidas como produtividade, número de acidentes de trabalho, avaliação de desempenho, entre outras, começaram a ser utilizadas pelos psicólogos na tentativa de validar o processo de seleção de pessoal nas empresas (Sampaio, 1998).

Uma crença muito difundida entre pessoas que participam de processos seletivos em organizações é a de que as habilidades requeridas para um cargo, ou seja, as aptidões e traços avaliados pela empresa por ocasião da seleção, muitas vezes não se correlacionam com o desempenho das tarefas. Schmidt e Hunter (1989) desenvolveram um estudo com 370.000 trabalhadores com o objetivo de mensurar a veracidade desta crença. Em seus resultados verificaram ocorrer queda real na produtividade da empresa quando as fases do processo seletivo são completamente abandonadas, como, por exemplo, aplicação de testes e entrevista; ou quando os instrumentos apresentam parâmetros psicométricos, como validade e precisão, com valores muito baixos (no caso dos testes). Tal fato demonstra a importância do planejamento e da execução das fases dos processos seletivos, utilizando-se técnicas e instrumentos padronizados e válidos para o contexto organizacional.

1.2 O conceito de validade

Validade refere-se àquilo que um teste mede e ao quão bem ele faz isso (Anastasi & Urbina, 2000). Segundo Pasquali (2001), um dos tipos de validade é a de critério, referindo-se ao grau de eficácia de um teste em predizer o desempenho relevante de um sujeito. Dependendo do espaço de tempo em que ocorre a coleta da informação pelo teste e a coleta da informação do critério, este tipo de evidência de validade costuma ser distinguido em validade preditiva ou concorrente (Pasquali, 2001). Se as coletas forem simultâneas, as evidências de validade serão do tipo concorrente; caso as informações sobre o critério sejam coletadas após as informações sobre o teste, as evidências serão preditivas. Ambos os tipos são considerados válidos para a predição de desempenhos específicos do sujeito.

De acordo com a visão proposta pelos *Standards for Educational and Psychological Testing* (American Educational Research Association, American Psychological Association and National Council for Measurement in Education,1999) a validade refere-se à proporção em que evidências e teoria dão suporte às interpretações dos escores dos testes, vinculadas ao uso proposto por tais instrumentos. O que é avaliado são as interpretações exigidas dos escores do teste e não eles próprios. Nesse sentido, a validade é uma das considerações fundamentais no desenvolvimento e avaliação dos testes. Levando-se em consideração esta nova visão sobre o conceito de validade proposta pelos *Standards,* uma das fontes de evidência de validade é aquela baseada nas relações com outras variáveis. As variáveis externas podem incluir medidas de critérios do que se espera prever, como, por exemplo, a performance, que é bastante utilizada em avaliações no contexto do trabalho. Este tipo de evidência de validade apresenta-se como uma ferramenta útil na validação de instrumentos no contexto organizacional, no sentido de permitir a verificação da utilidade do teste em estimar uma outra medida.

Os *Principles for the Validation and Use of Personnel Selection Procedures* (Society for Industrial and Organizational Psychology, 2003) são um documento elaborado nos Estados Unidos, com o objetivo de orientar os pesquisadores que trabalham com processos de validação em empresas. De acordo com seus autores, o princípio essencial de qualquer processo de seleção de pessoal é a busca de evidências, que ofereçam suporte às inferências feitas a partir dos escores obtidos pela avaliação psicológica e de sua relação com aspectos referentes ao desempenho no trabalho. A inferência básica é a de que um escore provindo de um determinado procedimento de seleção será capaz de predizer um subseqüente desempenho no trabalho. Também de acordo com os *Principles*, os procedimentos usados em qualquer seleção devem apresentar suporte em evidências de validade.

Evidências que apóiem uma relação válida com um critério consistem, basicamente, na demonstração da relação (via significância estatística) entre os resultados de um procedimento utilizado na seleção (preditor) e uma ou mais medidas de comportamentos relevantes ou de resultados obtidos no trabalho (critérios). As variáveis escolhidas como preditores devem apresentar fundamentação empírica, lógica e teórica, assim como, os critérios devem ser escolhidos com base em comportamentos relevantes para a função, considerados e aceitos pela empresa, como, por exemplo, produtividade, avaliação de desempenho, número de ausências no trabalho, acidentes, entre outros (Society for Industrial and Organizational Psychology, 2003).

Como pôde ser visto anteriormente, vários autores afirmam a importância de serem realizados estudos de validade para os testes psicológicos em contextos específicos, incluindo a área organizacional. Afirmam, também, sobre a importância de realização de estudos estatísticos para se obter maior eficácia e legitimidade nos procedimentos utilizados.

A utilização de instrumentos psicológicos, que apresentam maiores evidências de validade no contexto organizacional, possui sua contribuição expressa também em termos numéricos, a partir do lucro que esse procedimento traz à empresa (Brodgen, 1949; Schmidt & Hunter, 1979; Hunter & Schmidt, 1983, Murphy, 1986; Arvey & Murphy, 1998; Schmidt & Hunter, 1998). Brodgen (1949) utilizou princípios de regressão linear para demonstrar como a variação dos escores dos instrumentos na seleção e o desvio padrão da performance do empregado em dólar afetam o valor econômico de um processo seletivo. Chegou, então, à seguinte fórmula:

$$\mathbf{U/\ seleção = (rxy.\ SDy.\ Zxs) - C}$$

Nesta fórmula, U se refere ao lucro, em dinheiro, obtido no processo seletivo. Este lucro está relacionado com: rxy, que se refere ao coeficiente de validade entre o preditor e o critério dos instrumentos utilizados no processo seletivo, ou seja, à correlação teste-critério; SDy refere-se ao desvio padrão, isto é, à variabilidade do desempenho dos funcionários em termos monetários; Zxs se refere ao escore médio das notas dos empregados contratados, em escore padrão normalizado Z. Por último, C refere-se ao custo do processo seletivo, como gastos na compra de testes, materiais, etc... Por esta fórmula, nota-se que quanto maior for o valor do coeficiente de validade de um teste utilizado num processo, maior será o lucro que a avaliação trará ao empregador. Por outro lado, nota-se também que quanto menor for a variabilidade das características apresentadas pelos candidatos (Zxs) e, menor também for a variabilidade do desempenho (SDy), mesmo que a correlação com o critério seja perfeita (1,00), este valor sozinho não fará muita diferença para um aumento do lucro do processo seletivo (Schmidt & Hunter, 1979).

Pesquisadores da área afirmam que a utilização dessas medidas permite à psicologia demonstrar quantitativamente a importância de seus procedimentos, como testes e avaliação de desempenho, para outras áreas do conhecimento, como a administração e a economia. Do modelo original de Brodgen (1949) até os dias de hoje, avanços na fórmula têm sido feitos, levando-se em conta outras formas de se estimar o valor monetário do desvio padrão (Hunter & Schmidt, 1983) e de se calcular o valor do lucro em processos seletivos, mesmo nos casos em que os melhores candidatos recusam as propostas oferecidas (Murphy, 1986).

1.3 Histórico das pesquisas em seleção de pessoal

Levando-se em consideração o conceito de validade de critério, visto anteriormente, a realização de pesquisas que avaliam a habilidade dos métodos utilizados em seleção de pessoal em predizer futuras performances e/ou aprendizagens no trabalho, vêm sendo conduzidas desde a 1ª década do século XX

(Schmidt & Hunter, 1998). No entanto, as estimativas de validade obtidas pelo mesmo método, utilizando funcionários que exercem a mesma função, mostravam-se muito diferentes de um estudo para outro. Os pesquisadores concluíram, nessa época, que os coeficientes de validade eram diferentes por causa da especificidade da função que era exercida e do contexto em que o estudo era realizado. Esta teoria ficou conhecida como "Teoria da Especificidade Situacional".

Na década de 70, no entanto, devido ao avanço de procedimentos científicos, verificou-se que a maioria das diferenças entre os estudos aconteceu em função das estatísticas e das medidas utilizadas e não de diferenças reais entre os tipos de trabalho realizados. Mensurações quantitativas passaram, então, a serem desenvolvidas e aprimoradas, e estudos baseados em meta-análise propiciaram o uso de medidas mais acuradas. Tal fato possibilitou a utilização de medidas cada vez mais eficazes na predição do desempenho dos funcionários no trabalho.

Nos Estados Unidos, a validação local para o uso de testes psicológicos passou a ser exigida nas empresas a partir da revisão do Ato de Direitos Civis de 1972 e das sucessivas regulamentações sobre o uso dos testes feitas pela Comissão de Iguais Oportunidades de Emprego (EEOC) e pelo Departamento de Trabalho do país (Resnick, 1982). A intervenção ocorreu porque o governo preocupava-se com a possibilidade de testes psicológicos discriminarem minorias e mulheres nos processos seletivos. A partir dessa época passou a ser exigido por lei que o empregador demonstrasse a relevância do teste em relação à performance do funcionário no trabalho. Além disso, a validade do teste deverá ser comprovada no exercício de cada função na empresa. Nesse sentido, "as empresas foram proibidas de utilizar testes cujos estudos de validação tivessem sido feitos em outro lugar, mesmo que esses estudos fossem extensa e tecnicamente bem fundamentados" (Resnick, 1982, p.78).

Os critérios de comprovação da relação teste-desempenho, validação local e exigência de comprovação de medidas não discriminatórias fizeram da testagem nas empresas norte americanas um processo tão caro, que só as grandes companhias puderam custeá-la. No entanto, uma adequação dos instrumentos à realidade da população avaliada passou a ser compromisso das empresas que lidam com processos seletivos.

No Brasil, medidas relacionadas à regulamentação do uso de testes são recentes. O Conselho Federal de Psicologia (CFP, 2003) publicou uma Resolução (002/2003) que trata da regulamentação do uso, da elaboração e da comercialização dos instrumentos psicológicos no país. A Resolução prevê que os testes psicológicos sejam analisados por uma comissão consultiva com o objetivo de que apenas aqueles que apresentem os requisitos mínimos técnicos e científicos exigidos estejam disponíveis para uso pelos profissionais. As evidências de validade, entre outros, estão entre os requisitos psicométricos considerados, indicando a necessidade de adaptação do instrumento à população avaliada para que representem de maneira mais acurada e fidedigna os resultados dos sujeitos submetidos ao processo de avaliação psicológica. De acordo com o Artigo 11 desta mesma Resolução: "As condições de uso dos instrumentos devem ser consideradas apenas para os contextos e propósitos para os quais os estudos empíricos indicaram resultados favoráveis" (CFP, 2003, p. 05). O Artigo reforça a importância de realização de pesquisas, inclusive as evidências de validade do teste em relação a outras variáveis, que evidenciem a eficácia de utilização dos testes para contextos particulares, como seria caso da área organizacional.

No próximo capítulo os construtos mais utilizados na avaliação de candidatos submetidos a processos seletivos serão descritos e caracterizados em relação à sua evolução histórica e caracterização das medidas. Estas medidas, também, serão abordadas em termos da validade de sua avaliação no contexto organizacional.

Capítulo 2
Os aspectos mais avaliados em processos organizacionais

De acordo com a Resolução 001/2002 do Conselho Federal de Psicologia, que regulamenta a realização de avaliação psicológica em concursos públicos e processos seletivos da mesma natureza (CFP, 2002), os processos seletivos devem incluir, nos instrumentos de avaliação, técnicas capazes de aferir características tais como inteligência, funções cognitivas, habilidades específicas e personalidade. No presente capítulo os construtos inteligência e personalidade serão descritos de forma mais específica, em termos da relevância de sua avaliação no contexto organizacional, assim como, também, será descrita a função cognitiva atenção, por se tratar de um construto amplamente avaliado em processos nas empresas.

2.1 Medidas de habilidades cognitivas

A concepção básica de inteligência, tida como fator g, é a de que existem processos cognitivos comuns aos diferentes tipos de atividades mentais. Para McGrew e Flanagan (1998) "o construto inteligência tem sido utilizado para explicar e clarear os complexos fenômenos responsáveis pelas diferenças individuais do funcionamento intelectual" (McGrew & Flanagan, 1998, p. 110).

Dentre os três modelos que visam descrever o funcionamento da inteligência, o *psicométrico* propõe uma descrição estrutural da mesma, o *desenvolvimentista* propõe descrições da evolução das estruturas e funções cognitivas e o *cognitivista* propõe descrições funcionais do processamento de informação (Almeida, 1988; Bueno & Primi, 2000). A concepção da inteligência defendida pela abordagem psicométrica sustenta-se na utilização da análise fatorial, técnica estatística que visa identificar os fatores comuns aos testes com o objetivo de simplificar a descrição dos dados, reduzindo variáveis ou descrições necessárias (Anastasi & Urbina, 2000). A técnica estatística da análise fatorial foi utilizada por muitos teóricos numa tentativa de compreender os processos e habilidades cognitivas básicas envolvidas na descrição da inteligência. A seguir, será feita uma descrição dos principais autores e de suas contribuições para o estudo do construto inteligência.

Charles Spearman foi um dos primeiros pesquisadores a criar uma teoria de organização dos traços baseada em análises estatísticas, conhecida como Teoria dos Dois Fatores. Em suma, sua teoria afirmava a existência de um fator geral (fator g), o qual seria compartilhado por todas as atividades intelectuais e haveria também os fatores específicos, fatores s, que estariam relacionados ao desempenho específico das atividades (Spearman,1927). Esta teoria, apesar de afirmar a existência de dois fatores, pode ser considerada como teoria de um fator só, uma vez que o fator g seria o único responsável por explicar a correlação positiva dos dois fatores atribuídos a uma função.

Thurstone, por sua vez, foi um dos maiores expoentes da chamada Teoria dos Fatores Múltiplos, que propunha a existência de fatores chamados habilidades mentais primárias, para explicar a inteligência. Seriam eles: Compreensão Verbal (V), Fluência Verbal (W), Número (N), Espaço (S), Memória Associativa (M), Velocidade Perceptual (P) e Raciocínio Geral (I) (Thurstone, 1938). Tal autor defendia a inexistência de um fator geral e, no lugar dele, estaria o conjunto de habilidades referidas anteriormente.

Outras teorias que ficaram conhecidas no estudo da inteligência foram as chamadas Teorias Hierárquicas. A concepção básica deste modelo é a de que existem hierarquias de organização dos traços, que podem ser categorizadas de acordo com o conteúdo, processo ou facetas da inteligência (Anastasi & Urbina, 2000). Este modelo está sendo bem aceito no meio científico por conciliar tanto um fator geral (g de Spearman) quanto padrões de fatores múltiplos (Carroll, 1993).

Os testes desenvolvidos a partir do modelo hierárquico permitem ao profissional obter um escore único de uma bateria global, assim como obter o escore de um subteste em específico para verificar fraquezas ou habilidades em uma aptidão específica. Tal fato reforça a visão de Bueno e Primi de que "existem processos comuns a todas as realizações cognitivas e, ao mesmo tempo, processos mais específicos presentes somente em realizações particulares" (Bueno & Primi, 2000, p. 139).

Um outro modelo, que é relativamente recente e está sendo muito utilizado na descrição da inteligência, é o modelo Cattell-Horn-Carroll (CHC). Cattell (1957) postulou um modelo para descrição da inteligência como sendo constituída de dois fatores principais: Inteligência fluida (Gf) e Inteligência cristalizada (Gc). Na década de 60, Horn (1965) expandiu este modelo para incluir mais quatro habilidades cognitivas: Memória de curto prazo (Gsm), Processamento visual (Gv), Velocidade de processamento (Gs) e Memória de longo prazo (Glr). Foram também acrescentados ao modelo, mais quatro fatores: Conhecimento quantitativo (Gq), Leitura e escrita (Grw), Processamento auditivo (Ga) e Rapidez e decisão (Gt).

Carroll (1993) realizou uma meta-análise dos principais estudos fatoriais sobre a inteligência publicados das décadas de 20 a 80. Foram reunidos 1.500 artigos, com um total de 450 matrizes de correlações, as quais foram reanalisadas utilizando os modelos de análise fatorial. Como resultado foi proposta uma organização hierárquica da inteligência em três estratos, sendo que no estrato três estaria localizado o fator g, enquanto no segundo estrato se localizariam oito fatores amplos e, no primeiro, 70 habilidades específicas. As habilidades do 2º estrato seriam: Inteligência fluida (Gf), Inteligência cristalizada (Gc), Memória e Aprendizagem (Gy), Processamento visual (Gv), Processamento auditivo (Gu), Habilidade de recuperação (Gr), Velocidade de processamento (Gs) e Rapidez e decisão (Gt).

Os achados de Cattell, Horn e Carroll foram integrados e resultaram no Modelo Cattell- Horn-Carroll (CHC), o qual caracteriza três estratos da inteligência, sendo que no terceiro estrato está localizado o fator g, no segundo, 10 fatores amplos e no primeiro mais de 70 habilidades específicas relacionadas a estes fatores. Este modelo vem sendo considerado atualmente como um dos mais completos na descrição da inteligência (McGrew, 1997, 2004; McGrew e Flanagan, 1998; Primi, 2003). Na Tabela 1 são descritos os 10 fatores amplos que compõem o modelo CHC. São citados também os fatores específicos relativos a cada fator amplo.

Tabela 1. Fatores amplos e específicos presentes no modelo CHC

- **Inteligência fluida (Gf):** refere-se ao uso de operações mentais de raciocínio em situações novas, minimamente dependentes de conhecimentos adquiridos. Estas operações geralmente dizem respeito à capacidade de resolver problemas, relacionar idéias, induzir conceitos abstratos, compreender implicações, extrapolação e reorganização de informações.

Habilidades específicas: Raciocínio Dedutivo (RG), Indução (I), Raciocínio Quantitativo (RQ), Raciocínio Piagetiano (RP) e Velocidade de Raciocínio (RE).

- **Inteligência cristalizada (Gc):** refere-se á extensão e profundidade dos conhecimentos adquiridos de uma determinada cultura e à aplicação efetiva deste conhecimento. Está associado ao conhecimento declarativo (fatos, idéias, conceitos) e ao conhecimento de procedimentos (raciocínio para transformar o conhecimento prévio).

Habilidades específicas: Desenvolvimento da Linguagem (LD), Conhecimento Lexical (VL), Habilidade de Escuta (LS), Informação Verbal Geral (KO), Informação sobre Cultura (K2), Habilidade de Comunicação (CM), Produção Oral e Fluência (OP), Sensibilidade Gramatical (MY), Proficiência em Língua Estrangeira (KL) e Aptidão para Língua Estrangeira (LA).

• **Processamento visual (Gv):** refere-se à capacidade de gerar, perceber, armazenar, analisar, manipular e transformar imagens visuais. Está ligada aos diferentes aspectos do processamento de imagens (geração, transformação, armazenamento e recuperação).

Habilidades específicas: Visualização (Vz), Relações Espaciais (SR), Velocidade de Conclusão (CS), Flexibilidade de Conclusão (CF), Memória Visual (MV), Exploração do Espaço (SS), Percepção Integrada de Séries (PI), Estimação de Comprimento (LE), Ilusão Perceptual (IL), Percepção de Alternações (PN) e Manipulação de Imagens (IM).

• **Processamento auditivo (Ga):** capacidade associada à percepção, análise e síntese de padrões sonoros. Ligada à discriminação de padrões sonoros, particularmente quando apresentados em contextos mais complexos, envolvendo distorções.

Habilidades específicas: Codificação Fonética (PC), Discriminação dos Sons da Fala (US), Resistência à distorção de estímulos auditivos (UR), Memória para padrões sonoros (UM), Discriminação geral de sons (U3), Codificação temporal (UK), Discriminação e julgamento musical (U1U9), Manutenção e julgamento de ritmos (U8), Intensidade sonora (U6), Freqüência de discriminação sonora (U5), Escuta e discurso de fatores liminares (UA UT UU), Padrões absolutos (UP) e Localização de sons (UL).

• **Memória de curto prazo (Gsm):** capacidade associada à manutenção de informações na consciência por um curto espaço de tempo, podendo recuperá-las logo em seguida.

Habilidades específicas: Memória de Dígitos (MS) e Memória de Trabalho (MW).

• **Armazenamento e recuperação da memória de longo prazo (Glr):** capacidade associada à extensão e fluência que itens de informação ou conceitos são recuperados da memória de longo prazo por associação.

Habilidades específicas: Memória Associativa (MA), Memória Significativa (MM), Recordação Livre da Memória (MG), Fluência Ideacional (FI), Fluência Associativa (FA), Fluência Expressiva (FE), Facilidade de Nomeação (NA), Fluência Verbal (FW), Fluência Figural (FF), Flexibilidade Figural (FX), Sensibilidade de resolução de Problemas (SP), Originalidade/Criatividade (FO) e Habilidade de Aprendizagem (L1).

• **Velocidade de processamento (Gs):** habilidade para automaticamente e fluentemente realizar tarefas cognitivas, especialmente quando atenção e concentração são necessárias.

Habilidades específicas: Rapidez Perceptual (P), Rapidez de Performance (R9), Habilidade Numérica (N), Rapidez de Raciocínio (RE), Fluência na Leitura (RS) e Fluência na Escrita (WS).

• **Rapidez e decisão (Gt):** habilidade para reagir ou tomar decisões de forma rápida em resposta a estímulos simples. Fator mensurado tipicamente por respostas cronometradas de tempo de reação.

Habilidades específicas: Tempo de Reação (R1), Tempo de Escolha (R2), Velocidade de Processamento Semântico (R4), Tempo de Operação Mental (R7), Tempo de Inspeção (IT).

• **Conhecimento quantitativo (Gq):** habilidade referente ao estoque de conhecimentos declarativos e de procedimentos quantitativos. Utilização de informação quantitativa e manipulação de símbolos numéricos; conhecimento matemático.

Habilidades específicas: Conhecimento Matemático (KM) e Realização Matemática (A3).

• **Leitura e escrita:** refere-se ao conhecimento adquirido em habilidades básicas requeridas na compreensão de textos e expressão escrita.

Habilidades específicas: Decodificação da Leitura (RD), Compreensão da Leitura (RC), Compreensão da Linguagem Verbal (V), Habilidade de Cloze (CZ), Habilidade de Soletração (SG), Habilidade de Escrita (WA), Conhecimento e Utilização da Língua Inglesa (EU), Fluência de Leitura (RS), Fluência de Escrita (WS).

Nota. De "Cattell-Horn-Carroll (CHC) Definition Project", de K. S. McGrew; 2004, Disponível: www.iapsych.com.

Atualmente houve uma expansão do modelo CHC, sendo incorporados mais seis fatores amplos ao modelo. Esses fatores, no entanto, precisam de mais estudos, uma vez que os seus aspectos cognitivos e perceptuais ainda não foram extensivamente estudados (McGrew, 2004). Tais habilidades são descritas na Tabela a seguir:

Tabela 2. Definição dos seis novos fatores componentes do modelo CHC

- **Velocidade psicomotora (Gps)**: habilidade ligada à rapidez e fluência na performance de movimentos corporais, independente de controle cognitivo.

Habilidades específicas: Velocidade de Movimento dos Membros (R3), Fluência na Escrita (WS), Velocidade de Movimento das Articulações (PT) e Tempo de Movimentação (MT).

- **Habilidade psicomotora (Gp)**: habilidade na performance motora de movimentos com precisão, coordenação e destreza.

Habilidades específicas: Força Estática (P3), Coordenação de Membros (P6), Destreza com os Movimentos dos Dedos (P2), Destreza com Movimentos Manuais (P1), Estabilidade nos Movimentos Mão-braço (P7), Controle e Precisão (P8), Controle Visual (AI) e Equilíbrio Corporal (P4).

• **Conhecimento geral de domínios específicos:** refere-se à aquisição do conhecimento em contextos específicos, que tipicamente não representam o universo de experiências do indivíduo na cultura.

Habilidades específicas: Conhecimento de inglês como segunda língua (KE), Conhecimento de sinais (KF), Habilidade de leitura de lábios (LP), Conhecimento Geográfico (A5), Conhecimento de Ciências em Geral (A1), Conhecimento Mecânico (MK), Conhecimento de comportamentos (BC).

• **Habilidade olfatória (Go):** habilidades que dependem de receptores sensoriais provindos do sistema olfatório.

Habilidades específicas: Memória Olfatória (OM) e Sensibilidade Olfatória (OS).

• **Habilidade tátil (Gh):** habilidade que depende de receptores sensoriais táteis.

Habilidades específicas: Sensibilidade tátil (TS).

• **Habilidade cinestésica (GK):** habilidade que depende de receptores sensoriais que detectam posição corporal, medida ou movimentos dos músculos, tendões e juntas.

Habilidade específica: Sensibilidade Cinestésica (KS)

Nota. De "Cattell-Horn-Carroll (CHC) Definition Project", de K. S. McGrew; 2004, Disponível: www.iapsych.com.

O modelo CHC vem sendo incorporado por muitos autores no estudo da inteligência, apesar de ainda ser relativamente recente no meio acadêmico. Alguns testes, como, por exemplo, a Bateria de Provas de Raciocínio (BPR-5) (Almeida & Primi, 1998; Primi & Almeida, 2000a, 2000b) já foram construídos com base em postulados deste modelo, levando em consideração sua contribuição e relevância científica no estudo da inteligência.

2.1.1 Avaliação do fator g em organizações

Estudos realizados apresentam consenso em revelar que o fator g é o responsável por explicar a maior parte da variância atribuída ao poder preditivo de testes nos processos de seleção em empresas (Ghiselli, 1973; Hunter, 1986; McHenry et al., 1990; Murphy & Shiarella, 1997; Schmidt & Hunter, 1998; Outtz, 2002; Schmidt, 2002; Kuncel, Hezlett & Ones, 2004; Ones, Viswesvaran & Dilchert, 2005). A variância referente às habilidades específicas (raciocínios mecânico, verbal, espacial, etc) apresenta um valor de predição menor e muitas vezes insignificante em relação ao desempenho no trabalho (Ree, Earles & Teachout, 1994).

Schmidt (2002) afirma que há 10 anos atrás era bastante difundida a idéia de que a performance no trabalho poderia possuir maior poder de predição ao se utilizar uma variedade de testes de aptidões, concomitantemente à avaliação do fator g. No entanto, pesquisas recentes demonstram que os testes de aptidões produzem pouca ou nenhuma alteração nos coeficientes de validade, quando comparados à utilização de testes que se propõe a mensurar habilidades cognitivas gerais (Ree et al., 1994). De acordo com Schmidt tal resultado não é tão surpreendente, uma vez que cada medida de aptidão é, na verdade, um indicador do coeficiente geral e a combinação desses fatores específicos não é nada mais do que a medida do coeficiente de inteligência geral. Nesse sentido os profissionais que utilizam somente testes de aptidão específica nas empresas devem estar atentos para a validade desta utilização na predição do desempenho do empregado no trabalho.

Para vários tipos de função, quando são adotados critérios como aquisição do conhecimento para o trabalho, desempenho em treinamentos e no trabalho, o fator g é considerado o melhor preditor. Segundo Kuncel, Hezlett e Ones (2004) a constatação de que o fator g é o preditor mais poderoso do desempenho no trabalho está relacionada à questão da sua relação com a aquisição de mais conhecimento declarativo (relacionado ao conhecimento de fatos, regras, princípios e procedimentos), procedural (saber o que fazer e como fazer para estar apto a realizar uma tarefa) e ao fato de relacionar-se ao processamento de informações mais complexas. Tais autores realizaram um estudo de meta-análise, utilizando o teste de inteligência Miller Analogies Test (MAT) (Miller, 1960; The Psychological Corporation, 1994) e os resultados corroboraram o valor preditor do fator g, tanto em relação ao desempenho acadêmico quanto o desempenho no trabalho. O coeficiente de correlação encontrado foi de 0,58 em relação ao desempenho escolar, quando o critério adotado foi o escore nos exames escolares, e de 0,41 para a performance no trabalho, o que corrobora as afirmações anteriores do valor preditor da inteligência geral no desempenho do sujeitos em diversos contextos.

Estudos demonstram, contudo, que, à medida que o funcionário apresenta maior conhecimento da tarefa, o valor preditor do fator g diminui quando comparado ao de trabalhadores que começam a exercer novas funções e que precisam, portanto, adquirir maior conhecimento da tarefa a ser realizada (Schmidt, Hunter & Outerbridge, 1986; Carretta & Doub, 1998). Baseando-se no resultado de quatro estudos independentes, totalizando uma amostra de 1.474 sujeitos, Schmidt, Hunter e Outerbridge (1986) verificaram o impacto do tempo de experiência no exercício da função e das habilidades cognitivas no conhecimento da tarefa e na performance do funcionário no trabalho. Os resultados revelaram que o tempo de experiência e as habilidades cognitivas exercem um efeito substancial no conhecimento da tarefa (coeficiente de correlação de 0,57 e 0,46, respectivamente), uma vez que ambas se relacionam à aprendizagem no trabalho. Com relação à performance na função, resultados mostraram que a avaliação de desempenho realizada pelos superiores é o instrumento mais sensível para captar os efeitos do conhecimento da tarefa pelo empregado, ou seja, quanto maior o conhecimento da tarefa apresentado pelo indivíduo, melhores são suas notas na avaliação de desempenho, em comparação com outros critérios utilizados para avaliar o desempenho no trabalho, como amostras de comportamento, por exemplo. Quando o tempo de experiência no trabalho foi mantido constante, o impacto direto das habilidades cognitivas na aquisição do conhecimento aumentou substancialmente, podendo alcançar um coeficiente de correlação até 22% maior. Tais resultados revelam a importância de se levar em conta o tempo de experiência na função ao se comparar indivíduos em processos seletivos ou até de acompanhamento de pessoal.

Hunter (1986) realizou uma revisão utilizando centenas de estudos de meta-análise abrangendo um total de aproximadamente 472.000 funcionários de diferentes funções em empresas e confirmou a hipótese de que a habilidade cognitiva geral (fator g) prediz a performance para todos os tipos de funções, incluindo tanto as tarefas conhecidas como "manuais" quanto as "mentais". Observou também que os coeficientes de validade são maiores para trabalhos mais complexos (0,58) do que para trabalhos mais simples (0,23), ou seja, quanto maior complexidade possuir a função realizada, maior será o poder discriminativo das habilidades cognitivas em predizer um bom desempenho no trabalho. O autor discute que a inteligência está diretamente ligada à aprendizagem da tarefa, uma vez que o fator g determina quanto e quão rápido uma pessoa aprende, além de estar relacionado à habilidade de raciocínio em situações novas, as quais dependem minimamente de conhecimentos previamente aprendidos. Foi realizado também um cálculo do coeficiente de validade, em relação ao conhecimento da tarefa e à performance no trabalho. O valor encontrado variou de

0,80 para trabalhadores civis e 0,70 para militares. Além dos dados corroborarem o fato do fator g predizer o desempenho no trabalho, o autor discute que este fator prediz a performance, em grande parte, porque este fator se relaciona à aprendizagem, e a aquisição de conhecimento no trabalho. As principais pesquisas realizadas sobre a importância do fator g em processos seletivos serão mostradas e discutidas no Capítulo 4.

O fator g parece ser a medida que apresenta maior poder preditivo para o desempenho de funcionários no trabalho, principalmente em relação a atividades para as quais se possui pouco ou nenhum conhecimento prévio do tipo da tarefa que será realizada. Passar-se-á agora à descrição dos testes de atenção.

2.2 Medidas de testes de atenção

William James define a atenção como sendo "uma tomada de posse pela mente, de forma vívida e clara, de um objeto no meio de vários e simultâneos possíveis caminhos de pensamento" (James, 1983, p. 381). A atenção pode ser considerada, então, um tipo de percepção mais refinada, por permitir alterar a direção do pensamento para estímulos que nos interessam ou para os quais estamos motivados.

A partir da primeira classificação feita por James, em 1891, sobre os tipos de atenção em reflexa e voluntária, várias nomenclaturas foram adotadas para designar os tipos em que tal função mental pode ser dividida. Dentre eles se destaca a divisão em atenção seletiva, vigilância, sondagem a atenção dividida (Tonglet, 2002). Dessa divisão se originou a possibilidade de avaliação da atenção em três tipos: atenção difusa, referente à capacidade do sujeito em focalizar estímulos dispersos espacialmente; atenção concentrada, referente à capacidade de focalização em um centro no qual existem estímulos específicos e atenção discriminativa, relativa à capacidade do indivíduo em discriminar estímulos relevantes num contexto e emitir uma resposta específica.

De acordo com o modelo Cattell-Horn-Carroll (CHC), a função mental atenção pode ser classificada como uma habilidade ampla, conhecida como Velocidade Cognitiva Geral (Gs). Neste sentido, a atenção pode ser considerada como um dos componentes da inteligência.

O fator Gs refere-se à capacidade de realização de tarefas, as quais requerem a utilização de atenção e concentração, como descrito anteriormente, na parte destinada à descrição das medidas de habilidades cognitivas. Dentre as habilidades específicas relacionadas a este fator, estão: a) Rapidez de percepção, que diz respeito à habilidade com que o sujeito busca, compara e identifica elementos visuais presentes em seu campo de visão, b) Rapidez de performance, relativa à habilidade para responder rapidamente a testes que requerem decisões muito simples, c) Habilidade numérica, dizendo respeito à performance na realização de operações aritméticas básicas e manipulações de símbolos numéricos, d) Velocidade de raciocínio, que diz respeito à fluência na performance ao realizar tarefas que envolvam o raciocínio num espaço limitado de tempo, e) Fluência na leitura, habilidade para ler e compreender silenciosamente a conexão entre partes de um texto de forma rápida e, f) Fluência na escrita, que diz respeito à habilidade para copiar corretamente palavras ou sentenças, ou escrever palavras, sentenças ou parágrafos o mais rapidamente possível.

2.2.1 Avaliação da função mental atenção nas organizações

Nos estudos realizados sobre a validade preditiva de testes de atenção, estes se encontram agrupados em baterias que se propõem avaliar a rapidez de percepção. Os testes de atenção, no entanto, se limitam à avaliação da atenção concentrada. Dependendo da função exercida, as evidências de validade, expressas pelo coeficiente de Pearson, apresentam grandes variações (Ghiselli, 1973). Para trabalhadores de escritório, por exemplo, o valor pode se localizar entre 0,11 e 0,58 e para trabalhadores do setor elétrico esse valor é de aproximadamente 0,29.

De acordo com Arraez e Ruiz (1983) e Gama, Câmara, Barbosa e Paula (2002), no Brasil, a avaliação da atenção é feita utilizando-se, principalmente, testes como o de Atenção Concentrada (AC) (Cambraia, 1967) e o D2 (Brickenkamp, 1990). Tais testes basicamente mensuram a chamada Atenção Concentrada. Recentemente, Tonglet (1999, 2002, 2003) desenvolveu baterias de funções mentais destinadas à avaliação dos diversos tipos de atenção, incluindo a atenção difusa, discriminativa e a concentrada. De acordo com a classificação do modelo CHC estes testes avaliariam basicamente os fatores específicos Rapidez de Percepção, Rapidez de Performance e Velocidade de Raciocínio. Seria interessante, portanto, que fossem realizados estudos com esses testes, os quais buscassem verificar as evidências de validade da função mental atenção para o contexto organizacional. Essa necessidade é justificada também pelo fato de que, para muitas tarefas realizadas, as pessoas utilizam praticamente os três tipos de atenção, pois precisam ser capazes de perceber os estímulos externos presentes num ambiente (atenção difusa), concentrarem-se na tarefa que estão executando (atenção concentrada) e discriminarem graus de prioridade de relevância no trabalho (atenção discriminativa).

2.3 Medidas de traços de personalidade

O construto personalidade é objeto de estudo de vários pesquisadores que estão realizando trabalhos de elaboração e criação de conceitos específicos para construir e embasar suas teorias. Com base na fundamentação teórica de personalidade foram criados diversos instrumentos psicológicos para avaliar e medir determinados traços, fatores, características e dimensões patológicas e não patológicas de uma amostra do comportamento, facilitando tanto a construção de hipóteses diagnósticas, como o levantamento de um perfil de personalidade, de acordo com as respostas emitidas pelos sujeitos.

Segundo Colom (1998), a investigação psicológica vem produzindo teorias muito distintas sobre a personalidade, apesar de, em grande medida, todas se centrarem no estudo das diferenças individuais. De acordo com Pervin (1975), as teorias de personalidade existentes podem ser divididas em três tipos. Em primeiro lugar viriam as teorias clínicas, sendo sua fonte de dados provinda da observação de pessoas submetidas a tratamento psicológico. Em segundo lugar estariam as chamadas teorias experimentais, as quais utilizam um grande número de sujeitos buscando verificar conceitos comuns e válidos para todos eles. Para tal, utilizam uma definição operativa dos conceitos relevantes e verificam de modo sistemático suas hipóteses para contrastar com os conceitos chave. Em terceiro lugar, viriam as teorias multivariadas. Estas teorias não são exclusivamente clínicas nem experimentais, apesar de utilizarem sistemas de medida, definição operativa dos conceitos e explorar as diferenças individuais. O que difere estas teorias umas das outras é o fato delas estarem embasadas no uso da técnica da análise fatorial.

Segundo Colom, a técnica da análise fatorial apresenta vantagens em relação às outras técnicas de exploração da personalidade, porque por seu intermédio pode-se obter uma descrição da estrutura da personalidade. A utilização de uma teoria fatorial permite a organização das estruturas básicas da personalidade, a partir das quais pode-se predizer e antecipar que condutas uma pessoa realizará em certas situações e ocasiões relevantes.

A análise fatorial é uma técnica, como descrito anteriormente, que visa identificar os fatores comuns aos testes, com o objetivo de simplificar a descrição dos dados. Em relação aos instrumentos psicológicos tal técnica permite manter, nos testes, itens que oferecem a melhor medida em cada um dos fatores que o instrumento se propõe avaliar (Anastasi & Urbina, 2000).

A abordagem dos traços, conhecida também como teoria fatorial, busca identificar as características da personalidade que se tornam estáveis com o tempo e em diferentes situações. Os pesquisadores dos traços, como descrito anteriormente, utilizam o procedimento estatístico da análise fatorial para determinar quais comportamentos estão relacionados, mas são independentes de outros, determinando as unidades ou elementos naturais da personalidade. De acordo com esta teoria existem estruturas inatas na personalidade, e a análise fatorial permite que elas sejam identificadas (Pervin & John, 2004). As teorias dos traços sugerem que as pessoas possuem predisposições para responder de certas maneiras e que a personalidade possui uma organização hierárquica. Os níveis de hierarquia são quase sempre quatro e se organizam da seguinte maneira: 1 – nível de respostas concretas, 2 – hábitos de respostas, 3 – facetas da personalidade segundo os hábitos de resposta e 4 – traços ou fatores de personalidade segundo a estrutura característica da mesma (Colom, 1998).

Os principais autores que contribuíram na operacionalização e entendimento das teorias dos traços foram Gordon Allport, J. Guilford, Hans Eysenck e Raymond Cattell. A partir da década de 50, surge também a Teoria dos Cinco Grandes Fatores de Personalidade (Big Five), que foi aceita pela maior parte da comunidade científica e é considerada hoje como uma das que melhor descreve as estruturas da personalidade (Colom, 1998). A seguir cada teoria será abordada em relação às suas contribuições para o estudo da personalidade.

Gordon Allport foi um dos teóricos responsáveis pela criação da chamada Teoria dos Traços. Tal autor enfatizou aspectos humanos, saudáveis e organizados do comportamento. Provavelmente, ele será lembrado mais por questões levantadas e princípios enfatizados, do que pela criação de uma teoria em particular. Desde suas primeiras publicações, tal autor afirmou que os traços constituíam as unidades básicas da personalidade (Allport, 1921 apud Pervin & John, 2004). Eles representariam disposições generalizadas da personalidade e explicariam regularidades no funcionamento da pessoa em situações diferentes de acordo com o passar do tempo. Seriam também definidos por três propriedades: freqüência, intensidade e variedade de situações.

Allport, também, relatou a utilidade da pesquisa idiográfica, estudo aprofundado dos indivíduos, com o propósito de aprender mais sobre as pessoas de modo geral. Embora o autor enfatizasse o conceito de traços, conduziu poucas pesquisas para estabelecer a existência e utilidade de traços específicos. Tal reforço foi realizado por outros autores, como veremos a seguir.

Guilford ficou conhecido por sua Teoria dos 13 Fatores. Ele acreditava que seria por meio das diferenças individuais que se encontraria a chave lógica da personalidade (Guilford, 1959). Propôs uma teoria baseada em 13 fatores primários, a saber, fatores (G) Atividade geral, (A) Ascendência, (S) Sociabilidade, (R) Retraimento, (T) Atitude pensativa, (C) Disposição ciclóide, (D) Depressão, (N) Nervosismo, (I) Sentimento de inferioridade, (O) Objetividade, (F) Cordialidade, (P) Relações pessoais, (M) Masculinidade. Tais fatores foram organizados em 4 fatores secundários: (SA) Atividade social, (IE) Introversão-extroversão, (E) Estado emocional e (Pa) Disposição paranóide.

A teoria de Guilford é vista como uma das mais desenvolvidas. Ele foi o primeiro autor que utilizou a análise fatorial na investigação de temperamento. Tal teoria, no entanto, é considerada como simples matemática ou estatística (Eysenck &

Eysenck, 1985). Os fatores não foram estudados em laboratório, nem tampouco foi verificada sua relação com bases biológicas.

Hans Eysenck, por sua vez, criou a teoria conhecida como Teoria dos Três Super Fatores. Em sua pesquisa inicial ele verificou a existência de duas dimensões básicas da personalidade, as quais chamou de introversão-extroversão e neuroticismo. Futuramente incluiu uma terceira dimensão, a qual chamou de psicoticismo. Cada um desses três fatores inclui a síntese de um total de 27 fatores primários.

Eysenck foi um teórico que deu bastante ênfase à importância de uma mensuração científica dos traços por meio da análise fatorial. Eysenck e Eysenck (1985) se referem a um conjunto de pontos que atestam a utilidade dos três super fatores na descrição da personalidade. Segundo eles, uma análise de um grande número de perguntas sobre o temperamento faz emergir três super fatores. Tais fatores também se incluem na teoria de Guilford e Cattell e, a partir dos três super fatores, pode-se fazer predições satisfatórias sobre comportamento fisiológico, experimentos psicológicos e comportamento social.

Tal teoria, no entanto, foi muito criticada em relação ao pequeno número de fatores utilizados para descrever a personalidade (Pervin & John, 2004). Autores como Cattell, por exemplo, sugeriram a consideração de maior número de traços e também a descrição em nível de traços, em vez de super fatores.

Para Raymond Cattell o elemento básico estrutural da personalidade é o traço. Em sua teoria fatorial, que é considerada uma das mais completas, incluiu 16 fatores temperamentais primários aplicados a amostras de pessoas normais. Tais fatores são: (A) Expansividade, (B) Inteligência, (C) Estabilidade emocional, (E) Afirmação, (F) Preocupação, (G) Consciência, (H) Desenvoltura, (I) Brandura, (L) Confiança, (M) Imaginação,

(N) Requinte, (O) Apreensão, (Q1) Abertura a novas experiências, (Q2) Auto-suficiência, (Q3) Disciplina, (Q4) Tensão. Sua teoria ficou conhecida como Teoria dos 16 Fatores.

Cattell foi também criador do Questionário dos 16 fatores de personalidade (16 PF) (Cattell, 1993). Este inventário se propõe a investigar, por meio de 185 itens, os fatores primários citados por este autor.

Allport, Guilford, Eysenck e Cattell compartilham a visão de que os traços são unidades fundamentais da personalidade. Ao mesmo tempo, porém, possuem visões substancialmente diferentes sobre o uso da análise fatorial (no caso de Allport), sobre o número e a natureza das dimensões de traços que são necessárias para uma descrição adequada da personalidade (Pervin & John, 2004).

A pesquisa científica, no entanto, necessita de um objeto de estudo que seja comum. Neste sentido, poder-se-ia estudar domínios de traços específicos , em vez de examinar separadamente traços particulares que tornam os seres individuais e únicos. Muitos pesquisadores concordam que os traços podem ser organizados de forma proveitosa, de acordo com cinco dimensões amplas (John, 1990; Costa & McCrae, 1992), conhecidas como os "Cinco Grandes Fatores de Personalidade".

Evidências para a confiabilidade do modelo provêm de três áreas principais: análises fatoriais relacionadas a um conjunto de traços, pesquisas interculturais atestando a universalidade das dimensões dos traços e a relação entre questionários de traços, outros questionários e avaliações (Pervin & John, 2004). As cinco escalas componentes do Big Five avaliam os fatores descritos a seguir: a) Neuroticismo (N), referindo-se ao ajustamento versus instabilidade emocional. Identifica indivíduos propensos a perturbações psicológicas, idéias irrealistas, necessidades ou ânsias excessivas e respostas mal adaptativas; b) Extroversão (E), referindo-se à quantidade e intensidade de interações interpessoais, nível de atividade, necessidade de estimulação e capacidade de alegrar-se; c) Abertura (O), avalia a atividade proativa e a apreciação da experiência por si só, tolerância e exploração do que não é familiar; d) Amabilidade (A), avaliando a qualidade da orientação interpessoal do indivíduo ao longo de um contínuo de compaixão ao antagonismo em pensamentos, sentimentos e ações e, e) Conscienciosidade (C), referindo-se ao grau de organização, persistência e motivação do indivíduo no comportamento dirigido para os objetivos. Compara pessoas confiáveis e obstinadas com aquelas que são apáticas e descuidadas (Pervin & John, 2004).

As cinco grandes dimensões foram projetadas para capturar os traços de personalidade que as pessoas consideram mais importantes em suas vidas. Segundo McCrae e Costa (1990), com base nos resultados de estudos empíricos, conclui-se que os Cinco Fatores são necessários e suficientes para descrever as dimensões básicas da personalidade. Segundo eles, "nenhum outro sistema é tão completo e, ainda sim, tão parcimonioso" (McCrae & Costa, 1990, p. 51). Apesar de parecer haver um consenso da comunidade científica em relação ao modelo Big Five, ele também recebe críticas, principalmente no que diz respeito ao método da análise fatorial, à abrangência na definição dos traços e na divisão e variabilidade do comportamento de acordo com a situação (Pervin & John, 2004).

2.3.1 A avaliação da personalidade nas organizações

De acordo com Tett, Jackson e Rothstein (1991) muitos pesquisadores da área organizacional tendem a subvalorizar o valor preditivo dos testes de personalidade no desempenho do funcionário no trabalho. Apesar disso, tais testes são bastante utilizados nas empresas, o que reflete o fato da personalidade apresentar um importante papel na explicação e predição do desempenho no trabalho.

Com o objetivo de realizar uma revisão minuciosa dos estudos publicados nesta área tais autores realizaram uma meta-análise, abrangendo uma amostra de 494 publicações sobre evidências de validade da avaliação da personalidade e sua relação com o desempenho no trabalho. Nos resultados foi encontrado um coeficiente de correlação geral de 0,24 abrangendo os estudos pesquisados. No entanto, tal valor pode chegar a 0,38 quando uma análise de cargo é associada ao processo seletivo. A análise de cargo permite que as características necessárias para a ocupação do cargo já estejam claras antes da realização do processo seletivo.

Apesar desses resultados serem animadores e corroborarem a visão dos autores sobre a importância da avaliação dos aspectos da personalidade em processos seletivos, eles discutem o fato de que os pesquisadores devem estar atentos, pois, em comparação aos testes que mensuram habilidades cognitivas, a avaliação da personalidade abrange um grande conjunto de traços e por isso é difícil se fazer uma generalização da validade desses fatores para diversos tipos de atividade, como ocorre com o fator g. Os traços a serem avaliados devem ser escolhidos com base em uma análise de cargo criteriosa, que evidencie e certifique quais deles são relevantes para um bom desempenho do empregado no tipo de função que será exercida na empresa.

Evidências de pesquisas revelam que alguns traços de personalidade predizem a performance para diferentes tipos de trabalho realizados (McHenry et al., 1990; Murphy & Shiarella, 1997; Schmidt & Hunter, 1998). Os traços de conscienciosidade e de integridade são as medidas que apresentam maior coeficiente de validade para diferentes tipos de funções, 0,31 e 0,41, respectivamente (Schmidt & Hunter, 1998).

O fator conscienciosidade é um dos cinco fatores componentes do Modelo dos Cinco Grandes Fatores de Personalidade. Este fator refere-se a atitudes como competência, ordem, necessidade de resultados, sentido do dever, deliberação, controle e disciplina, como descrito anteriormente (Colom, 1998; Pervin & John, 2004).

Em relação aos testes que avaliam integridade, eles se propõem a avaliar, além da conscienciosidade, traços de amabilidade e estabilidade emocional. Quatro tipos de atitudes em relação a esses fatores explicam a maior parte da variância atribuída a estes testes, a saber, atitudes punitivas, abuso de drogas, confiança e atitudes de furto (Murphy & Luther, 1997 apud Hough & Osvald, 2000). Medidas de conscienciosidade e integridade, quando feitas conjuntamente, contribuem para produzir maiores correlações com a performance do que as medidas tomadas separadamente.

Apesar da importância preditiva atribuída aos traços, citados anteriormente, alguns autores afirmam que, dependendo das características da função exercida, avaliações específicas de alguns traços de personalidade podem apresentar maior correlação com o desempenho dos funcionários do que outras e defendem a realização de pesquisas em contextos específicos para levantamento dessas características e de sua relevância para o trabalho (Borman, Hanson & Jerry, 1997).

Capítulo 3
Critérios utilizados para a avaliação do desempenho no trabalho

Como foi descrito no capítulo 1, os critérios mais comumente utilizados para validação de testes em organizações são a avaliação de desempenho, o número de acidentes de trabalho e o índice de produtividade dos funcionários. O presente capítulo descreverá tais fatores e sua relação com os processos de avaliação psicológica nas organizações, inclusive em função do ganho monetário trazido à empresa a partir de sua mensuração.

3.1 A avaliação de desempenho

A palavra *avaliação* refere-se ao ato de estimar ou dar valor a alguma coisa ou a atos de uma pessoa. A avaliação de desempenho, por conseqüência, refere-se a um instrumento "destinado a sistematizar a apreciação do desempenho do indivíduo no cargo e de seu potencial de desenvolvimento" (Chiavenato, 1985, p. 191).

As origens da avaliação de desempenho remetem-se há muito tempo atrás, uma vez que desde que o homem deu emprego a outro, seu trabalho é avaliado. No século IV, antes da criação da Companhia de Jesus, Loyola já utilizava um sistema de relatórios e notas das atividades dos indivíduos como medida do potencial dos jesuítas. Em 1842, o Serviço Público Federal dos Estados Unidos implantou um sistema de relatórios para avaliar o desempenho dos funcionários e, em 1880, o exército americano também desenvolveu seu sistema. No entanto, foi a partir da Segunda Guerra Mundial que os sistemas de avaliação de desempenho tiveram ampla divulgação nas empresas.

As avaliações realizadas hoje nas organizações possuem como principais objetivos: a) permitir mensurações do potencial humano para determinar sua aplicação, b) fornecer oportunidades de crescimento e condições efetivas de participação de todos os membros da organização e, c) permitir o tratamento dos recursos humanos como recurso básico da organização e cuja produtividade pode ser desenvolvida (Chiavenato, 1985).

Na área de pessoal e recursos humanos, análises de utilidade dos procedimentos utilizados em seleção e treinamento de pessoal vêm sendo realizadas com os objetivos de: a) prever o efeito de algumas ações, como, por exemplo, avaliação psicológica, na performance dos empregados e, b) acrescentar um valor a tais mensurações para que seja realizado um cálculo do lucro, em dinheiro, que a utilização de procedimentos válidos traz para a empresa (Arvey & Murphy, 2000), como descrito no Capítulo 1.

Com relação aos fatores mais presentes em avaliações de desempenho, Dewes (1981) realizou uma revisão bibliográfica de fatores utilizados como critérios nas avaliações realizadas nas empresas, para diversas funções. Os resultados foram agrupados em 20 fatores, sendo alguns deles traços de personalidade e outros de comportamento. Os fatores foram: Organização, Comunicação, Uso do equipamento, Apresentação pessoal, Relacionamento/Cooperação, Iniciativa, Conhecimento do trabalho, Julgamento, Pontualidade, Assiduidade, Acidentes, Quantidade de trabalho, Qualidade do trabalho, Confiabilidade, Capacidade de aprender, Orientação para a tarefa, Planejamento, Envolvimento, Supervisão e Orientação. O autor conclui que, apesar da crença de que a avaliação de comportamentos seja mais eficaz do que a de traços de personalidade, estudos posteriores precisam ser feitos, uma vez que podem existir tarefas, nas quais alguns traços de personalidade sejam essenciais para o bom desempenho no trabalho.

As avaliações de performance podem ser realizadas pela chefia, pelos colegas de trabalho ou pela própria pessoa. Viswesvaram, Ones e Schmidt (1996) realizaram um estudo visando verificar a confiabilidade das avaliações feitas por colegas de trabalho e por supervisores em 10 dimensões de desempenho tradicionalmente utilizadas na literatura. Essas dimensões foram o Desempenho total no trabalho, Produtividade, Qualidade, Liderança, Competência na comunicação, Competência administrativa, Responsabilidade, Competência interpessoal, Conhecimento da tarefa e Aceitação da autoridade. Nos resultados foram encontrados coeficientes de 0,52 pela avaliação da chefia e 0,42 pela avaliação feita por colegas de trabalho. Os autores verificaram, também, que as avaliações feitas por dois supervisores possuíam maior concordância do que avaliações feitas por dois colegas de trabalho.

A partir dos estudos realizados sobre avaliação de desempenho observa-se que este é um instrumento bastante útil nas empresas, em função da possibilidade de estimar medidas utilizadas na avaliação psicológica, além de revelar o valor monetário do lucro que essas medidas trazem para a organização. Apesar da avaliação de desempenho ser constituída por diversos fatores, que avaliam comportamentos e traços de personalidade, e de poder ser realizada por diferentes pessoas, a avaliação feita pela chefia ainda revela ser uma das mais consistentes.

3.2 Acidentes de trabalho

De acordo com o artigo 19 da lei nº 8213, de 24/07/1991, presente na Consolidação das Leis do Trabalho, "Acidente de trabalho é o que ocorre pelo exercício do trabalho a serviço da empresa, provocando lesão corporal ou perturbação funcional que cause a morte, perda ou redução, permanente ou temporária, da capacidade para o trabalho" (Campanhole, 1984). Por lei, o registro de acidentes é feito por meio das Comunicações de Acidentes de Trabalho – CATs.

A mensuração dos acidentes de trabalho é um procedimento importante para a empresa, tanto para verificar os processos do trabalho que precisam ser revistos, quanto para aprimorar os processos que zelem pela saúde do funcionário no exercício da profissão. Neste sentido, a análise dos acidentes contribui para melhorar a segurança no trabalho, por meio de procedimentos que visem o controle e a redução das probabilidades de ocorrência de acidentes.

As investigações dos acidentes de trabalho inserem-se num conjunto de esforços direcionados ao estudo e à abordagem científica dessas ocorrências (Carmo, Almeida, Binder & Settini, 1995). Os principais subsídios dos acidentes são: descrições das características epidemiológicas, exploração dos aspectos de gênese dos acidentes e da etiologia das lesões; as estratégias, as técnicas de prevenção e os critérios para sua escolha; as formas de avaliação dos impactos das medidas de prevenção e sua efetividade de acordo com o tipo de técnica adotada (Waller, 1973; Santos, Filho & Carmo, 1990).

Na área de recursos humanos, a mensuração dos acidentes de trabalho pode ser utilizada como critério para diagnosticar o desempenho do funcionário no trabalho, por ocasião de um processo de seleção, acompanhamento ou treinamento realizado, nas situações em que fique comprovada a responsabilidade do funcionário para a ocorrência dos mesmos. Segundo Alexandre filho, Ministro do Trabalho da década de 40 (Saad, 1993):

> "A vida humana tem, certamente, um valor econômico. É um capital que produz, e os atuários matemáticos podem avaliá-lo. Mas a vida humana possui também um valor espiritual inestimável, que não se pode pagar com todo o dinheiro do

> mundo. Nisto consiste, sobretudo, o valor da prevenção. Por mais que se dispenda com a prevenção racional, ela sempre será menos onerosa que o sistema de indenizações, além de evitar discórdia entre os elementos essenciais da produção, capital e trabalho." (p. 26)

Dados americanos provindos do *National Safety Council* (NSC, 2002) mostram, por exemplo, que somente no ano de 2001 mais de 3,9 milhões de pessoas sofreram acidentes de trabalho nos Estados Unidos, sendo que destes, 53.000 foram fatais. Isto acarreta um prejuízo para as organizações que pode chegar a 132 bilhões de dólares por ano. De acordo com Hale e Glendon (1987), de 80 a 90% dos acidentes de trabalho ocorrem por falha humana.

Pesquisas revelam que já no momento da seleção de pessoal o psicólogo pode contribuir para a redução do número de acidentes de trabalho ao selecionar pessoas que não apresentem características que possam comprometer o exercício da função e ao selecionar pessoas mais qualificadas para tarefas que exijam maior complexidade (Hale & Hale, 1972). Várias pesquisas demonstram haver correlações significativas entre traços de personalidade e comportamentos seguros no trabalho (Barrick & Mount, 1991; Lauver & Le, 2001).

A inteligência é outro fator que influencia a ocorrência de acidentes de trabalho (Schmidt & Hunter, 1998). Gottfresdon (2003) verificou que indivíduos que se envolvem em acidentes no trabalho são consideradas pessoas que subestimam os riscos, superestimam seu controle pessoal nas situações e possuem falta de entendimento de como o dano é causado. Em função disto, apresentam menor precaução nas situações, menor tempo de reação e aumento no número de acidentes causados.

3.3 Índice de produtividade no trabalho

A produtividade do trabalhador é uma medida da quantidade de trabalho realizada pelo mesmo, num determinado período de tempo. Juntamente com a avaliação de desempenho, a produção do funcionário é um dos critérios mais utilizados nos estudos que investigam as evidências de validade de medidas utilizadas em recursos humanos (Ghiselli, 1973; Schmidt & Hunter, 1981; Schmidt & Hunter, 1998). Espera-se que, quanto mais adaptado à função, melhores sejam os índices de desempenho e de retorno financeiro que o trabalhador oferece à empresa. Adaptações ao modelo de Brodgen (1949) foram desenvolvidas por alguns autores para permitir, por exemplo, o cálculo do lucro de intervenções psicológicas por meio de porcentagem média da produção de cada funcionário no trabalho.

Como pôde ser visto pelas pesquisas, a avaliação de desempenho, o número de acidentes e a produção são critérios organizacionais muito importantes na identificação de um bom desempenho do funcionário no ambiente de trabalho. No próximo capítulo serão descritas as principais pesquisas realizadas na tentativa de validar a utilização de testes psicológicos em tal contexto.

Capítulo 4
Evidências de validade dos procedimentos utilizados em seleção de pessoal

Wanderley (1985) afirma que, para a utilização de testes psicológicos ser compatível com os pressupostos, que orientam a tomada de decisões referentes à admissão ou rejeição de candidatos nas organizações, ela deve estar firmemente amparada em estudos que não deixem dúvidas quanto à relação entre o que é medido pelo teste e o que é realizado no trabalho. Este autor ressalta a importância de se comprovar a relação teste-critério nos modelos de pesquisa em seleção de pessoal. A seguir será apresentado um resumo das principais pesquisas realizadas no exterior e no Brasil relativas a este tema.

4.1 Pesquisas internacionais

Em relação ao tema do estudo deste livro nota-se que as pesquisas realizadas, principalmente, fora do Brasil são as mais abrangentes. Os autores, na maioria dos casos, valem-se de estudos de meta-análise, conseguindo, assim, abarcar grandes amostras para obterem medidas mais fidedignas em seus resultados de pesquisa. Tais pesquisas são relatadas a seguir.

Schmidt e Hunter (1998), utilizando estudos de meta análise, investigaram e sumarizaram os resultados de 85 anos de pesquisa em seleção de pessoal, no que se referia à validade das medidas utilizadas. Examinaram os coeficientes de validade de 19 medidas destacando-se, entre elas, testes de inteligência geral, provas situacionais, entrevistas, testes de integridade, testes de conscienciosidade, tempo de experiência no trabalho, testes de grafologia, nível de escolaridade, motivação para o trabalho e idade dos sujeitos. Foram utilizadas como medidas de critério a avaliação de desempenho e o nível de produtividade dos funcionários. Nos resultados, encontrou-se como medidas mais válidas as provas situacionais (0,54), os testes que avaliam inteligência geral (0,51) e a entrevista estruturada (0,51). Os testes que avaliam personalidade, ou seja, os de integridade e os de conscienciosidade, apresentaram coeficiente de 0,41 e 0,31, respectivamente. A experiência no trabalho e os inventários de interesses apresentaram índices de 0,18 e 0,10. A grafologia e a idade dos sujeitos foram consideradas as medidas menos válidas, com coeficientes de 0,02 e – 0,01, respectivamente.

Schmidt e Hunter (1998) discutem, então, que os testes de inteligência representam um dos melhores instrumentos a serem utilizados na testagem nas empresas, pois apresentam alto índice de validade (0,51) e um custo relativamente baixo quando comparado a outros métodos utilizados. Segundo eles, os melhores preditores da performance no trabalho seriam a inteligência geral, traços de personalidade, como a conscienciosidade e de integridade e a experiência no trabalho, ou seja, a oportunidade de aprendizagem. Relatam, também, que as medidas podem ser combinadas, como, por exemplo, testes de inteligência e entrevista estruturada, o que aumenta para 0,63 o coeficiente de validade do processo.

Ghiselli (1973) realizou uma revisão bibliográfica das publicações feitas no período de 1920 a 1971 sobre o tema da validação de testes do contexto organizacional. Os testes mais utilizados nas empresas, no período pesquisado, eram os de habilidade intelectual, habilidade espacial e mecânica, testes de percepção, habilidade motora e traços de personalidade, sendo que os últimos eram compostos por inventários e medidas de interesse. O estudo incluiu pesquisas que variavam desde 100 casos até 10.000 casos aproximadamente. Foram analisadas as evidências de validade dos testes para 21 tipos de ocupação, incluindo desde cargos de chefia até operadores de máquinas. Em todas as pesquisas a validade era expressa pelo coeficiente correlação de Pearson e a medida de critério utilizada foi o percentual de sucesso nas atividades realizadas.

O autor observou que os testes de inteligência foram os que apresentaram os maiores índices de validade para maioria das funções analisadas. O estudo revelou também resultados específicos para funcionários do setor elétrico, sujeitos da pesquisa relatada no próximo capítulo. Para o setor em específico a amostra utilizada foi de aproximadamente 10.000 eletricistas. Os resultados revelaram que os testes de habilidades intelectuais (0,49), espaciais (0,47) e mecânica (0,49) foram os que apresentaram maiores coeficientes de validade, enquanto que os testes de habilidades motoras e de traços de personalidade foram os que apresentaram os menores índices, 0,15 e 0,16, respectivamente.

Para todas as funções analisadas no estudo o coeficiente de validade variou de 0,24 a 0,65 o que revela, em média, um coeficiente de correlação de Pearson de 0,45. Tal valor é corroborado por outros autores que pesquisaram as evidências de validade de testes utilizados no contexto organizacional, como Schmidt e Hunter (1998) e Murphy e Shiarella (1997).

Em um outro estudo de meta-análise realizado com uma amostra de aproximadamente 400.000 funcionários, Schmidt e Hunter (1981) tinham como objetivo examinar a crença de que testes de aptidão apresentariam maiores evidências de validade para algumas funções do que para outras. Num primeiro estudo examinaram os coeficientes de validade para 29 diferentes tipos de funções de escritório em relação a testes que avaliavam inteligência geral, habilidade verbal, habilidade quantitativa, capacidade de raciocínio, rapidez perceptual, memória, raciocínio espacial e mecânico e aptidão para o trabalho de escritório. Os resultados mostraram não haver diferença estatisticamente significante entre os coeficientes de validade dos testes em relação a nenhuma das funções, ou seja, os testes de aptidão parecem apresentar validade, independentemente da função exercida. Num segundo estudo realizado, os autores buscaram verificar se as tarefas realizadas em diferentes tipos de trabalho seriam grandes suficientes para produzir diferenças nos coeficientes de validade entre os testes utilizados. Trinta e seis tipos de atividades foram analisadas, incluindo desde maquinistas e médicos até gerentes de recursos humanos, todos funcionários do exército americano. Os resultados do estudo mostraram que as diferenças nos coeficientes de validade eram muito pequenas entre os grupos. Os autores afirmam que não se justifica a crença de que as diferenças no tipo de trabalho tornariam os testes de aptidão mais ou menos válidos e que os testes de aptidão, tanto geral quanto específica, se mostraram válidos para diferentes tipos de funções.

Em outro estudo realizado para verificar o poder preditor de testes utilizados nos processos de seleção, McHenry, Hough, Toquam, Hanson e Ashworth (1990) utilizaram uma amostra de 4.039 funcionários do exército americano, divididos em nove tipos de funções. As baterias incluíam testes de aptidão, testes perceptuais e psicomotores, testes de temperamento e de personalidade, interesse vocacional e de interesse pelo trabalho. Os resultados dos testes foram analisados em relação a cinco critérios de desempenho, a saber: a) Habilidade específica para o trabalho, b) Capacidade geral para resolver problemas, c) Apoio a colegas, liderança, esforço e auto desenvolvimento, d) Disciplina e, e) Boa aparência (condizente com o serviço militar) e boa condição física.

Os resultados da pesquisa revelaram que os escores das provas cognitivas e perceptuais-psicomotoras foram os melhores preditores das habilidades específicas (0,57) e geral (0,62) (critérios a e b), enquanto os escores dos traços de personalidade e temperamento foram os melhores preditores de liderança (0,33), disciplina (0,37) e de boa condição física e boa aparência (0,37) (critérios c, d, e).

Verificou-se que os testes de aptidão foram os que apresentaram maiores coeficientes de validade e, apesar dos coeficientes de validade de provas não cognitivas não apresentarem valores tão altos, seriam os melhores preditores de critérios relevantes para determinadas tarefas realizadas no trabalho. Os autores discutem testes que avaliam personalidade e temperamento que podem ser utilizados em conjunto com provas cognitivas para aumentar o índice de predição dos testes utilizados em seleção de pessoal.

No ano de 1990, também, foi realizada uma pesquisa com 152 atendentes bancários recém-contratados com o objetivo de verificar o impacto das fontes de recrutamento utilizadas na performance dos funcionários no trabalho. Entre os resultados encontrados destaca-se o valor preditivo dos testes de habilidade, uma vez que os empregados que possuíam maior pontuação nos testes foram os que obtiveram os maiores índices de produtividade e a menor porcentagem de perdas nas transações financeiras realizadas pela empresa (Blau, 1990).

Murphy e Shiarella (1997) afirmam que em estudos de seleção de pessoal é comum expressar-se a relação teste-critério em termos de uma correlação linear entre os escores do teste e a medida de desempenho no trabalho. No entanto, os profissionais devem estar atentos ao fato de que essas relações são multivariadas e o processo de seleção pode envolver X testes, e o critério, Y variáveis. Sendo assim, algumas medidas dos testes podem apresentar maiores associações com determinadas medidas de critério do que com outras. Utilizando duas amostras de recrutas que se candidataram a duas funções diferentes no exército americano, Pulakos, Borman e Hough (1988) compararam, para cada amostra, a correlação entre traços de personalidade e o desempenho no trabalho, sendo este último mensurado por meio de avaliação de desempenho realizada por pares (colegas de trabalho) e por superiores. Para o segundo grupo o desempenho em uma bateria de habilidades cognitivas também foi um dos critérios utilizados. Como as funções avaliadas eram diferentes, os traços de personalidade avaliados, assim como os critérios para um bom desempenho no trabalho, foram diferenciados para os dois grupos. O primeiro grupo era constituído por 267 recrutas da marinha e o segundo por 8.642 soldados. Para ambos os grupos os resultados revelaram que os traços mensurados se associavam mais a determinados critérios do que a outros. Os autores afirmam que tais resultados são importantes na medida em que definem qual critério é mais relevante para predizer um bom desempenho em uma tarefa específica. Segundo eles "à medida que é possível especificar qual é o melhor preditor para um determinado critério, os psicólogos organizacionais vão estar uma passo mais perto do entendimento das diferenças individuais no ambiente de trabalho" (Pulakos, Borman & Hough, 1988, p. 715).

Murphy e Shiarella (1997) comentam que tradicionalmente as habilidades requeridas para um bom desempenho no trabalho são divididas em duas categorias de critério: tarefas que envolvem a performance individual, como a aprendizagem de uma tarefa, motivação (habilidades intrapessoais) e outras que requerem habilidade para trabalho em grupo, como trabalho em equipe (habilidades interpessoais). Em relação à avaliação psicológica, as habilidades cognitivas e alguns traços de personalidade são as dimensões que apresentam os maiores coeficientes de validade para diferentes tipos de trabalho e tarefas realizadas nas empresas (McHenry et al., 1990; Tett, Jackson & Rothstein, 1991).

Murphy e Shiarella (1997), também, realizaram pesquisas, buscando verificar esta correlação entre múltiplos critérios e variáveis. Tais autores citam estudos de meta-análise realizados, que mostram, por exemplo, que as habilidades cognitivas predizem melhor as habilidades intrapessoais (coeficiente de correlação de Pearson 0,50), do que medidas de personalidade (coeficiente de Pearson 0,20). Em relação às habilidades interpessoais, o poder preditivo das habilidades cognitivas é 0,30, enquanto o de medidas de personalidade, como a conscienciosidade, permanece 0,20.

Com o objetivo de estimar a validade de medidas de habilidades cognitivas e traços de personalidade no que diz respeito à capacidade de predição de múltiplas dimensões de performance, esses autores utilizaram o método de simulação Monte Carlo (programa de computador destinado à simulação de dados) na tentativa de afirmar a importância de um olhar multidimensional para variáveis utilizadas como critério em estudos de evidências de validade em organizações. Por meio desse método foram verificados os efeitos de variação de pesos atribuídos às variáveis dos testes (cognitivos e de personalidade) em relação às de critério (habilidades intra e interpessoal).

Nos resultados, os autores verificaram que à medida que o peso das variáveis cognitivas aumenta, o coeficiente de validade também aumenta, principalmente para as habilidades intrapessoais, variando de 0,41 a 0,54. No entanto, se muita ênfase é dada somente em um fator de desempenho, o valor do coeficiente de validade tende a cair.

Os resultados também mostraram que a média do coeficiente de validade para seleções que usam tanto medidas cognitivas quanto de personalidade é de 0,49 para prever a performance total no trabalho, incluindo habilidades intra e interpessoais. O intervalo de 95% de confiança variou de 0,20 para 0,78. O estudo é concluído afirmando a importância de se adotar análises multidimensionais em pesquisas que buscam evidências de validade dos testes utilizados em seleção de pessoal, pois o coeficiente altera significantemente, dependendo de como os dados são combinados e de como o construto avaliação de desempenho é definido pela empresa.

Ainda, que este olhar multidimensional possua sua importância confirmada por estudos científicos, o poder preditivo dos testes de inteligência permaneceu maior que o dos testes de personalidade em todas as pesquisas realizadas. Tal fato comprova mais uma vez a importância da avaliação deste fator nos processos seletivos.

Apesar dos testes de habilidades cognitivas apresentarem alta correlação com o desempenho do funcionário no trabalho, autores alertam para o fato dessas medidas serem suscetíveis a sofrer impactos adversos, inclusive em função da raça da pessoa que é submetida ao teste (Hunter & Hunter, 1984; Outtz, 2002). Por exemplo, nos testes que medem inteligência há diferença de um desvio padrão nas médias de afro-americanos e pessoas da raça branca nos EUA. Tais diferenças são observadas, também, em relação aos critérios utilizados para validar os processos de seleção de pessoal, uma vez que, por exemplo, pessoas da raça negra recebem maiores escores quando são avaliados por alguém da própria raça, do que quando são avaliados por alguém de raça branca.

Segundo Outtz (2002) tais impactos verificados na utilização de testes de inteligência não são verificados na avaliação por meio de entrevista estruturada e nem de traços de personalidade, como a conscienciosidade. Por isso é proposto que a avaliação da inteligência seja realizada em conjunto com a avaliação de outros fatores, pois tal procedimento, além de aumentar as evidências de validade de um processo seletivo, também reduz os impactos adversos da avaliação do fator g realizada isoladamente.

A seguir descrever-se-ão as pesquisas realizadas focando especificadamente os traços de personalidade. Tais pesquisas utilizam, principalmente, os traços avaliados pelo modelo Big Five e os traços de integridade descritos anteriormente.

Barrick e Mount (1991) conduziram um estudo de meta-análise, com o objetivo de examinar a relação entre os Cinco Grandes Fatores de personalidade e a performance no trabalho. Um total de 162 amostras foi obtido de 117 estudos que fizeram parte da pesquisa, totalizando 23.994 funcionários. Várias categorias profissionais foram incluídas, como, por exemplo, engenheiros, arquitetos, professores, policiais, gerentes e operadores de equipamentos. Três critérios foram utilizados: desempenho no trabalho, em treinamentos e dados pessoais no trabalho, como, por exemplo, absenteísmo e mudanças de função. Os resultados revelaram que a dimensão conscienciosidade foi a única que revelou correlações com todos os critérios e funções, apresentando coeficiente de validade variando entre 0,20 e 0,23. Segundo os autores tal resultado era esperado, uma vez que esse fator está relacionado a comportamentos como persistência, zelo, responsabilidade e desempenho, representando, assim, bons atributos para o cumprimento de tarefas no trabalho. Para os outros fatores do Big Five, as correlações significativas variaram de acordo com a função e os critérios utilizados como, por exemplo, a extroversão revelou ser um preditor válido para funções que demandam interação pessoal, como cargos de gerência e vendas; e o fator abertura para novas experiências revelou correlações significativas com o critério sucesso em treinamentos.

Barrick e Mount discutem, também, o fato de que a validade dos traços de personalidade sempre apresenta valores baixos de correlação, mas que muitos estudos foram realizados quando ainda não havia uma taxonomia reconhecida pela comunidade científica para a classificação dos traços de personalidade. Nesse sentido, o Big Five é um modelo que, principalmente nos últimos 10 anos, vem sendo bem aceito pelos pesquisadores e cuja utilização contribui para um melhor entendimento da personalidade e, conseqüentemente, de sua relação com critérios que discriminam características necessárias para um bom desempenho do funcionário no ambiente de trabalho.

Com o objetivo de verificar se os acidentes de trabalho estariam associados a traços de personalidade, Lauver e Le (2001) realizaram uma pesquisa de meta-análise abrangendo um total de 22 estudos com uma amostra de 10.000 funcionários, aproximadamente. Os traços de personalidade foram classificados de acordo com a taxonomia do Big Five. Os resultados revelaram correlações positivas entre o neuroticismo (0,17) e abertura para novas experiências (0,15) e o número de acidentes. Também foram encontradas correlações significativas e negativas com os traços agradabilidade (-0,24) e conscienciosidade (-0,08). A correlação pelo método de regressão múltipla entre os cinco fatores e o número de acidentes foi de 0,25, o que indica que traços de personalidade estão associados aos acidentes sofridos no trabalho e que a personalidade deve ser considerada como um dos fatores que contribui para a segurança do empregado no exercício da função.

Os testes que visam avaliar o construto integridade vêm despertando o interesse dos estudiosos da área organizacional principalmente nos últimos 10 anos (Ones, Viswesvaran & Schmidt, 1993; Craig, Devries & Smith, 2000). Apesar de muitos autores afirmarem que tal construto muitas vezes não é bem definido, a avaliação de seus fatores é utilizada na indústria para a contratação de empregados, com reduzida chance de apresentar comportamentos contraprodutivos, como abuso de drogas e álcool no trabalho, envolvimento em brigas (propensão à violência), roubo, sabotagem de equipamentos, hostilidade e outras atitudes indesejáveis. O interesse recente na utilização de tais instrumentos surge em função da crença de que eles seriam bastante úteis na previsão de uma boa performance no trabalho, na medida em que estão associados a um conjunto de comportamentos não-produtivos, como mencionado anteriormente. Com o objetivo de verificar o valor preditivo dos testes de integridade nos processos de seleção de pessoal Ones, Viswesvaran e Schmidt (1993) realizaram uma pesquisa de meta análise utilizando mais de 130 estudos sobre o assunto, totalizando 665 coeficientes de validade provindos de uma amostra de 576.460 funcionários que exerciam diversas funções nas empresas. Os critérios utilizados foram a produtividade, avaliação de desempenho e a presença de comportamentos contraprodutivos no trabalho, como atrasos, roubos e abuso de substâncias. Os resultados revelaram correlações significantes entre os testes e todos os critérios utilizados, com valores que variaram de 0,34 para o critério avaliação de desempenho e 0,47 para os comportamentos contraprodutivos. Os autores discutem que a presença de testes que mensurem a integridade é importante nos processos de seleção, uma vez que tais coeficientes se mostraram estáveis para diferentes funções avaliadas no contexto organizacional.

As pesquisas internacionais realizadas, tanto com testes de inteligência quanto de personalidade, reafirmam a importância da avaliação desses fatores no contexto organizacional, levando sempre em conta as pesquisas de validade dos instrumentos utilizados. Passar-se-á agora à descrição dos resultados das pesquisas brasileiras.

4.2 Pesquisas nacionais

Em relação aos estudos realizados no Brasil sobre a avaliação psicológica nas empresas, Arraez e Ruiz (1983) pesquisaram os instrumentos mais utilizados por 48 psicólogos que trabalhavam em seleção de pessoal no Recife, com o objetivo de verificar quais eram os testes mais usados, quais testes eles sugeriam para padronização e a quantidade de sujeitos submetidos ao processo de seleção no período de um ano. Os resultados mostraram que todos os psicólogos das empresas participantes utilizaram testes psicológicos nos processos de seleção e que, dentre eles, o Psicodiagnóstico Miocinético (PMK) (Mira y López, 1940) foi o teste presente em maior porcentagem, sendo utilizado numa faixa que variou de 75 a 100% das empresas. Este, também, foi o teste mais sugerido para estudos de padronização (47,92% de pessoas), sendo que, em seguida vieram as Pirâmides Coloridas de Pfister (Amaral, 1978) (31,25%) e o Psicodiagnóstico de Zulliger (Guerra, 1977) (20,83%). Em relação ao número de candidatos submetidos a processos de seleção, de julho de 1979 a junho de 1980, este número foi de aproximadamente 48.631 pessoas. Tais resultados sugerem a necessidade de validação de instrumentos utilizados em seleção de pessoal no contexto brasileiro, tendo em vista a grande quantidade de candidatos que se submetem a processos seletivos e a carência de instrumentos padronizados e validados para seleção de pessoal.

Em um outro estudo realizado, Herência, Moraes, Nogueira, Rocha, Sombra e Torres (1997) realizaram em Brasília uma pesquisa com o objetivo de obter um levantamento das técnicas e instrumentos utilizados por psicólogos e verificar a validade que lhes era atribuída pelos profissionais da área. Os sujeitos responderam a um questionário no qual deveriam listar as técnicas e instrumentos utilizados nas organizações e atribuir, a cada um deles, um grau de validade. Os resultados apontaram, entre outros, que a entrevista foi considerada a técnica mais válida e os testes psicológicos foram considerados pelos profissionais como os menos válidos, apesar de serem os mais utilizados, devido a uma praticidade de manuseio da técnica.

Gama, Câmara, Barbosa e Paula (2002) realizaram um estudo em 100 empresas da região metropolitana de Belo Horizonte, com o objetivo de obter informações sobre o processo de avaliação psicológica realizado nas mesmas. Os resultados revelaram que 100% das empresas utilizavam testes psicológicos, sendo que, entre as atividades realizadas pelo psicólogo, a avaliação é mais utilizada em seleção de pessoal (100% dos casos), seguida pela avaliação de potencial (70% dos casos). Os testes mais utilizados eram os de aptidão, inteligência e personalidade. O teste de Wartegg (Wartegg, 1987) aparece como o mais utilizado (79% dos casos), sendo o PMK o segundo mais utilizado (40% dos casos).

Em 2003, Pereira, Primi e Cobêro realizaram um estudo em 33 empresas paulistas do estado de São Paulo com o objetivo de identificar os testes utilizados em seleção de pessoal e verificar se os profissionais possuíam informações sobre a validade destes procedimentos. Os resultados revelaram alta utilização do teste Wartegg (15,2%), dinâmicas de grupo (15,2%) e de entrevista estruturada (11,4%) e não estruturada (7,6%) como métodos de seleção mais utilizados. A grafologia, também, aparece como uma técnica bastante usada, apresentado uma porcentagem de 6,8% dos casos. Em relação à validade dos instrumentos, 85% dos entrevistados afirmam conhecer a validade do teste Wartegg e 88,9% a validade da grafologia. Em relação à escolha dos instrumentos por sua validade, 77,8% dos profissionais utilizam a grafologia porque a consideram uma técnica válida.

Tal fato revela uma disparidade no modo de compreensão do conceito de validade, pois muitos recrutadores afirmam utilizar os instrumentos por sua validade, mesmo não existindo ainda estudos empíricos sobre este parâmetro nos testes citados, como, por exemplo, o teste de Wartegg e a grafologia, sendo que, no caso desta última, o coeficiente de validade encontrado no estudo de Schmidt e Hunter (1998) foi de 0,02, ou seja, um valor muito próximo a zero. Tal resultado aponta tanto para a necessidade de atualização dos profissionais que lidam com avaliação psicológica no contexto organizacional, em relação à cientificidade dos instrumentos utilizados, quanto para a realização de pesquisas de evidências de validade de testes para os propósitos específicos da área organizacional, visto a carência de instrumentos validados para a área.

Os estudos citados anteriormente corroboram a utilização freqüente de testes psicológicos nos processos de seleção de pessoal em empresas. No Brasil, no entanto, tal utilização muitas vezes não é acompanhada de estudos que evidenciam a relação teste-critério para os cargos exercidos (Wanderley, 1985). Em relação aos estudos brasileiros estes se referem somente à padronização dos instrumentos utilizados e não buscam verificar as evidências de validade dos mesmos no contexto organizacional. Outro dado significativo é o reduzido número de pesquisas nacionais publicadas referentes ao assunto da avaliação psicológica em organizações, visto que os artigos nacionais relatados neste livro foram os únicos encontrados nas bases de dados brasileiras e o seu número é consideravelmente inferior ao das pesquisas internacionais realizadas e publicadas. Uma outra questão é que, de acordo com o resultado de pesquisas estrangeiras, os testes que apresentam maior coeficiente de validade são os que avaliam inteligência e aptidões. Medidas de traços de personalidade aparecem em seguida, apresentando, contudo, coeficientes de validade bem mais baixos, podendo chegar à metade do valor alcançado por um teste de inteligência, apesar desses valores dependerem, também, do tipo de traço que está sendo avaliado. Os estudos realizados em empresas no Brasil, contudo, revelam que os testes mais utilizados são os que avaliam personalidade (Zulliger, Pfister, Wartegg e PMK), sendo que o fator conscienciosidade, que é considerado um dos que melhor prevê o desempenho no trabalho, não é avaliado por nenhum dos testes citados como sendo mais utilizados pelos psicólogos. Neste sentido é reforçada a necessidade da realização de estudos que visem a validação de instrumentos utilizados em empresas no Brasil.

Tentando suprir justamente esta carência de estudos, citada anteriormente, relataremos no próximo capítulo uma pesquisa que foi realizada com instrumentos muito utilizados no Brasil atualmente, em relação às evidências de validade dos mesmos para o contexto organizacional.

Capítulo 5
Um estudo com o BPR-5, o BFM-1 e o PMK

5.1 Histórico e objetivo da pesquisa

No ano de 2002 foi realizado um processo de acompanhamento psicológico com funcionários de uma empresa de energia elétrica mineira. Utilizou-se como principais instrumentos de avaliação psicológica a Bateria de Provas de Raciocínio (BPR-5) (Almeida & Primi, 1998; Primi & Almeida, 2000a, 2000b), instrumento que se destina à avaliação de aptidão e inteligência; a Bateria de Funções Mentais para Motorista (BFM-1) (Tonglet, 1999), instrumento que avalia as atenções difusa, concentrada e dicriminativa e o Teste Psicodiagnóstico Miocinético (PMK) (Mira y López, 1940), teste de avaliação da personalidade.

Os testes utilizados, no entanto, não possuem evidências de validade para o contexto organizacional. O BPR-5 possui evidências de validade de critério estabelecida para o contexto escolar, em estudantes com idade dentre 11 e 18 anos. O BFM-1 possui evidências de validade de construto e simultânea no contexto da avaliação psicológica no trânsito. Em relação ao PMK, o manual do teste define que as evidências de validade concorrente foram estabelecidas pelo método de juízes e, também, pela correlação entre o desempenho no teste em relação a outros testes psicológicos. Não apresenta, contudo, estudos avaliados e aprovados pelo Conselho Federal de Psicologia em que critérios externos, que não outros testes, tenham sido utilizados para verificar as evidências de validade de critério do instrumento.

Levando em consideração o que foi exposto anteriormente sobre a importância do estabelecimento de relações teste-critério para os testes utilizados no contexto organizacional, o presente estudo buscou verificar as evidências de validade, por meio da validade de critério, entre os testes utilizados no processo de avaliação psicológica e a avaliação de desempenho dos funcionários da referida empresa. Dois outros critérios da pesquisa foram o número de acidentes de trabalho, obtidos por meio das Comunicações de Acidente de Trabalho (CATs) e o Índice de Produtividade dos funcionários.

O objetivo da pesquisa foi, então, investigar as evidências de validade do BPR-5, BFM-1 e PMK por meio da correlação entre o desempenho de funcionários submetidos à aplicação dos testes, com fatores comportamentais observados na avaliação de desempenho dos mesmos, o número de acidentes de trabalho ocorridos e o seu índice de produtividade.

5.2 Participantes

Participaram do estudo 79 sujeitos, funcionários de uma empresa de energia elétrica mineira. Todos exerciam, predominantemente, atividades com linha energizada, ou seja, trabalhavam diariamente em redes elétricas, sujeitos a uma carga de 13.800 Volts, constituindo, assim, uma função de alto risco.

Os sujeitos foram predominantemente do sexo masculino e possuíam idade variando entre 19 e 45 anos. Estavam divididos em 53 eletricistas, 20 encarregados e 6 técnicos (supervisores). Possuíam escolaridade variando entre 2° grau incompleto e 3° grau completo. O tempo de exercício na função variou de 01 a 24 anos. A figura a seguir mostra a distribuição do número de funcionários de acordo com o tempo de serviço na linha viva.

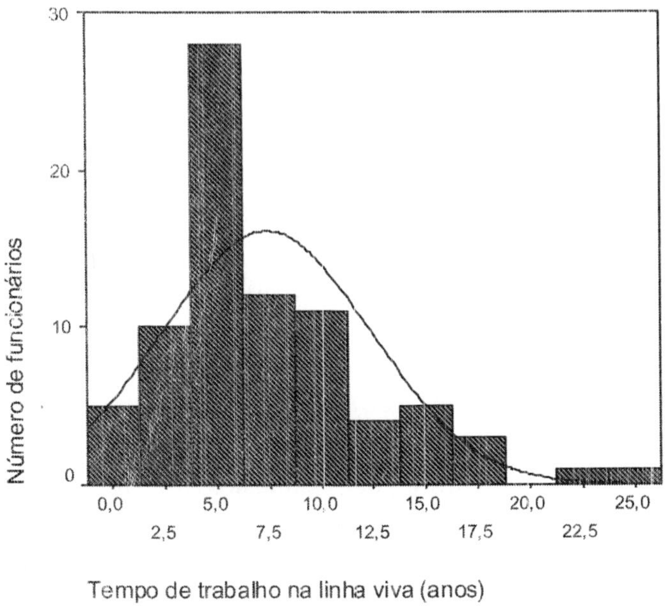

Figura 1. Distribuição dos funcionários de acordo com o tempo de trabalho na função.

Pela figura, pode-se perceber que a maioria dos funcionários apresenta tempo de função menor que 10 anos, sendo que o maior número de pessoas localiza-se na faixa dos cinco anos. Passar-se-á agora a uma breve descrição dos instrumentos utilizados.

5.3 Descrição dos instrumentos

BPR-5 -Bateria de Provas de Raciocínio. O BPR-5 (Almeida & Primi, 1998; Primi & Almeida, 2000a, 2000b) é um instrumento de avaliação das habilidades cognitivas. Oferece estimativas do funcionamento cognitivo geral e das forças e fraquezas em cinco áreas específicas: a) Raciocínio Verbal (RV), indicando extensão do vocabulário e capacidade de estabelecer relações abstratas entre conceitos verbais, b) Raciocínio Abstrato (RA), indicando a capacidade de estabelecer relações abstratas em situações novas para as quais se possui pouco conhecimento previamente aprendido, c) Raciocínio Mecânico (RM), avaliando o conhecimento prático de mecânica e física, d) Raciocínio espacial (RE), indicando a capacidade de formar representações mentais e manipulá-las, transformando-as em novas representações e e) Raciocínio Numérico (RN), indicando a capacidade de raciocínio com símbolos numéricos em problemas quantitativos e conhecimento de operações aritméticas básicas.

A bateria é composta de 5 subtestes: RV (Raciocínio Verbal) composto por 25 itens, com tempo limite de aplicação de 10 minutos; RA (Raciocínio Abstrato) composto por 25 itens, com tempo limite de 12 minutos; RM (Raciocínio Mecânico) composto por 25 itens, com tempo limite de 15 minutos; RE (Raciocínio Espacial) composto por 20 itens, com tempo limite de 18 minutos e, RN (Raciocínio Numérico) composto por 20 itens e tempo limite de 18 minutos. Totalizam, então, 115 itens, com um tempo total de aplicação de 73 minutos.

Para pontuação dos raciocínios, os escores brutos, constituídos pela soma dos acertos em cada subteste, são convertidos em EPNs (Escore-Padrão Normalizados), com média 100 e desvio padrão 15. O total de acertos em todos os subtestes da bateria, também, é convertido em EPN. Além da pontuação em EPN, o manual do teste, também, fornece os valores em percentis para que seja possível a comparação de acertos dos sujeitos em relação ao grupo original de padronização da bateria, tanto para os cinco subtestes, quanto para o escore do total de acertos. Como descrito anteriormente, o teste apresenta evidências de validade de critério para o contexto escolar. A Tabela 3 revela como os resultados em EPN podem ser classificados em descrições verbais de acordo com o desempenho na bateria.

Tabela 3. Descrições verbais das faixas de Escores-Padrão Normalizados

EPN	Descrição Verbal
> 130	Muito superior
120-129	Superior
110-119	Média alta
90-109	Zona média
80-89	Média baixa
70-79	Inferior
< 69	Muito inferior

Nota. Do "Manual Técnico da BPR-5", de L. S. Almeida e R. Primi, 2000. Reproduzido com autorização dos autores.

BFM-1 – Bateria de Funções Mentais para Motorista. O BFM-1 é uma bateria que, de acordo com a proposta de avaliação das funções mentais, investiga, avalia e classifica três tipos de atenção. De acordo com Tonglet (1999) tais funções são: a) Atenção difusa: "função mental que focaliza, de uma só vez, diversos estímulos que estão dispersos espacialmente, realizando uma captação rápida de informações e fornecendo um conhecimento instantâneo para o indivíduo" (p. 38), b) Atenção concentrada: "função mental em que os interesses de focalização (dos estímulos) são dirigidos a um centro onde existe apenas um estímulo ou onde estão reunidos um grupo de estímulos que tenham "características em comum" (p. 41) e c) Atenção discriminativa: "é a função mental que, ao focalizar dois ou mais estímulos diferentes, necessita realizar uma discriminação, uma separação, para levar em consideração somente o estímulo do seu interesse e assim emitir uma resposta específica" (p. 43).

A bateria é constituída, então, de: um teste de atenção difusa, com duração máxima de 4 minutos, no qual o sujeito pode obter um escore máximo de 50 pontos; um teste de atenção concentrada, com duração máxima de 1,5 minutos, no qual a pontuação máxima é de 130 pontos e um teste de atenção discriminativa, com duração máxima de 3 minutos, no qual a pontuação máxima é de 130 pontos.

A pontuação da bateria é realizada somando-se os escores em cada prova. Na prova de atenção difusa o escore total constitui-se da soma do número de estímulos ligados corretamente pelo sujeito. Nas provas de atenção concentrada e discriminativa o escore total é obtido pela diferença entre o número de acertos, menos o número de erros somado às omissões. O escore total é comparado ao escore da amostra de padronização e é obtida uma classificação que varia na seguinte escala: inferior, média inferior, zona média, média superior e superior. Pode-se também obter uma comparação do desempenho dos sujeitos em termos de percentis. Esta bateria apresenta evidências de validade de construto e simultânea no contexto da avaliação psicológica no trânsito.

PMK - Teste Psicodiagnóstico Miocinético. O PMK (Mira y López, 1940) é um teste baseado em técnicas expressivas como método de exploração da personalidade. É uma prova de extensão gráfica que se propõe a mensurar a personalidade, estudando sua forma atitudinal mediante análise de tensões musculares involuntárias, que revela as tendências fundamentais de reação, constituídas por suas peculiaridades temperamentais e caracterológicas (Mira, 1987).

O teste propõe-se a avaliar seis fatores de personalidade. De acordo com Mira (1987) tais fatores são: a) Tônus vital: elação-depressão, caracterizado como "o nível de energia vital disponível e circulante em certo momento da vida, representando uma medida do potencial biológico capaz de ser liberado ante qualquer situação de emergência" (p. 37), b) Agressividade: hetero-agressividade – auto-agressividade, caracterizada como "força propulsora que leva o indivíduo a uma atitude de afirmação e domínio pessoal perante qualquer situação" (p. 37), c) Reação vivencial: extratensão – intratensão, caracterizada como o "nível de energia psíquica dirigida para fora, em atitude de doação, de exteriorização, ou para dentro, de retenção, interiorização do conteúdo psíquico" (p. 37), d) Emotividade, definida como a " reação de emergência que se produz quando o organismo não tem pautas pré-estabelecidas para reagir a uma situação. É uma repercussão geral com vibração somatopsíquica, mostrando falhas do sistema adaptativo de uma pessoa"(p. 37), e) Dimensão tensional: excitação – inibição, "corresponde a um processo fisiológico básico e complexo do sistema nervoso, em que os reflexos da inibição e excitação se manifestam pelas vias neuro-elétricas de acordo com uma determinada estimulação e energia química" (p. 38) e, f) Predomínio tensional: impulsividade – rigidez, caracterizado por "estimulações que podem se manifestar num processo estável, irregular ou por graves alterações que podem chegar a crises convulsivas" (p. 38).

A aplicação do teste é individual e não possui tempo limite definido, variando, geralmente, entre 30 minutos e 1,5 horas. O teste é constituído por seis folhas de aplicação, com traços (cinetogramas), que o sujeito é convidado a reproduzir, primeiramente podendo vê-los e, posteriormente, com um anteparo em frente aos olhos. Durante a realização do teste, o sujeito utiliza a mão dominante, a mão não dominante e, em determinado momento, ambas as mãos.

Para cada fator obtém-se um determinado número de mensurações: Tônus vital- 10 dados, 5 para cada mão; Agressividade – 12 dados, 6 para cada mão; Reação vivencial –

18 dados, 9 para cada mão; Emotividade – 10 dados, 5 para cada mão; Dimensão tensional – 18 dados, 9 para cada mão e Predomínio tensional – 8 dados, 4 para cada mão.

A avaliação quantitativa dos fatores é feita pela medida, em milímetros, da diferença entre a localização do estímulo original e o final traçado pelo sujeito. Para cada fator, de acordo com o desvio observado em uma ou outra mão, encontra-se uma medida que representa na Tabela de Tetronagem sua posição em relação ao grupo de padronização. Uma vez encontrado o tetron (valor convertido pela diferença em milímetros) respectivo, consulta-se um quadro de interpretação de dados quantitativos para se obter a nomenclatura de interpretação, que varia na escala: escassa, diminuída, normal, aumentada, intensa e patológica.

Para o presente estudo foram mensurados somente cinco dos seis fatores de personalidade medidos pelo teste, a saber, Tônus vital, Agressividade, Reação vivencial, Emotividade e Predomínio tensional, devido ao fato da empresa utilizar uma versão reduzida do teste. No caso da presente pesquisa a aplicação incluiu: 3 medidas do fator Tônus vital , 5 medidas do fator Agressividade, 7 medidas do fator Reação Vivencial, 2 medidas de Emotividade e 5 medidas do Predomínio tensional. Tais medidas foram obtidas por meio da aplicação dos traçados completos das lâminas: Lineogramas, Zigue zague, Escadas, Paralelas egocífugas e Us verticais e Paralelas Egocípetas e Us sagitais, respectivamente. Não foram mensuradas nesta pesquisa as medidas dos Círculos nem dos Elos.

Primeiramente foi realizada uma análise fatorial das medidas coletadas na pesquisa (método de componentes principais e de rotação *varimax)*. O resultado pode ser visto no ANEXO A. O objetivo da análise fatorial foi reduzir os fatores para simplificar o processo de análise de dados. A decisão pelo número de fatores foi feita por análise do *Scree Plot*, sendo que foram extraídos oito fatores (tabelas A1 e A2). Por um procedimento existente no SPSS os escores fatoriais foram salvos e utilizados para os cálculos das correlações realizadas no estudo. Os dados foram agrupados de acordo com a descrição a seguir: Fator 1: Reação vivencial - intra/extratensão; Fator 2: Tônus Vital - depressão/elação; Fator 3: Agressividade – auto/heteroagressividade; Fator 4: junção de fatores de Agressividade e Reação vivencial; Fator 5: Predomínio Tensional – rigidez/impulsividade; Fator 6: Reação vivencial – intra/extratensão; Fator 7: junção de indicadores de Agressividade e Predomínio Tensional; Fator 8: junção de indicadores Emotividade e Predomínio Tensional. Estes fatores resultantes da análise fatorial foram utilizados nas análises realizadas com o teste.

Acompanhamento de desempenho: foram utilizados formulários para avaliação do desempenho de acordo com o tipo de função exercida (eletricista, encarregado ou técnico). Os itens avaliados foram: Habilidade para trabalhar em equipe, Relacionamento interpessoal, Segurança, Organização, Disciplina, Iniciativa, Criatividade, Produtividade, Conhecimento da tarefa e Assimilação de novas tarefas. Para os cargos de encarregado e técnico foram acrescentados os itens Liderança e Habilidade para administrar conflitos, já que todos eles supervisionam equipes. Tais itens avaliados foram definidos de forma objetiva por meio de um formulário de definição dos comportamentos (ANEXO B). É atribuído um peso que varia numa escala de 0 a 10 para cada item. Os instrumentos foram cedidos para ser utilizados no estudo, em função de haverem sido criados e utilizados pelo setor de Recursos Humanos da própria empresa.

Acidentes de trabalho: para mensuração dos acidentes foi realizada uma consulta às Comunicações de Acidentes de Trabalho (CATs) disponíveis na empresa e com acesso autorizado no caso do estudo. Foram utilizados somente os acidentes em que tenha sido comprovada responsabilidade do próprio funcionário em sua ocorrência. O acesso às CATs envolveu dados dos anos de 1998 até 2003. Para mensuração dos resultados, os dados foram divididos em dois grupos, a saber, acidentes ocorridos com os funcionários nos últimos 5 anos e acidentes ocorridos nos últimos 2 anos. Tal opção por trabalhar com os acidentes nos últimos 2 anos ocorreu em função do pequeno número de acidentes sofridos no período de 1 ano, a saber, somente 2 acidentes.

Produtividade: foi realizada uma consulta aos dados obtidos pela empresa mensalmente sobre a quantidade de serviço feita pelos funcionários por meio de relatórios diários entregues à chefia pelos supervisores após cada dia de serviço e verificada por meio de consulta à situação da rede elétrica via computador. A mensuração da produtividade é realizada por meio da quantidade de serviço executada e registrada por meio das Unidades de Serviço – Us. Quanto maior a produtividade do empregado, maior o número de Us produzidas por mês. Esta unidade de medida foi criada pela empresa como uma forma de obter maior controle do serviço realizado pelos empregados. A mensuração da produtividade é feita por equipe de acordo com a quantidade de serviço realizado. Para mensuração dos dados contou-se, ao todo, com a produção de dezesseis equipes, tendo sido registrada pelo nome do encarregado de cada equipe.

5.4 Procedimentos e análise de dados

A aplicação das baterias BPR-5 e BFM-1, assim como a aplicação do PMK já havia sido realizada durante o ano de 2002, em virtude da realização de processo de acompanhamento funcional na empresa. As baterias BPR-5 e BFM-1 foram aplicadas coletivamente em dois dias de aplicação, sendo que, no primeiro dia foram aplicados os três subtestes do BFM-1: atenção difusa, concentrada e discriminativa e três subtestes do BPR-5, a saber, Raciocínios Verbal (RV), Abstrato (RA) e Mecânico (RM). No segundo dia foram aplicados os subtestes Raciocínio Espacial (RE) e Numérico (RN). O PMK foi aplicado individualmente uma semana após a aplicação das baterias BPR-5 e BFM-1.

Os formulários de acompanhamento de desempenho foram aplicados em Janeiro/2003. A avaliação dos funcionários foi feita sempre por meio de consenso entre dois superiores, o que contribuiu para a neutralização do viés do avaliador e garantiu maior precisão ao instrumento.

Para o presente estudo utilizou-se os resultados da avaliação psicológica realizada durante o ano de 2002 e os resultados da avaliação de desempenho realizada durante o ano de 2003. A consulta ao número acidentes de trabalho envolveu acesso aos dados de 1998 até 2003 e foram utilizados os índices de produtividade obtidos mensalmente pela chefia durante o ano de 2003.

Foram calculadas *estatísticas descritivas* para caracterizar as variáveis e realizadas *análises correlacionais* para verificar as evidências de validade. Para os fatores do PMK, também, foi realizada *análise fatorial*. Os cálculos foram realizados utilizando-se o programa estatístico *SPSS* (SPSS, 2002).

5.5 Resultados

Em relação aos resultados, primeiramente procedeu-se a uma análise fatorial das medidas do PMK, uma vez que no Manual do teste (Mira, 1987) não há relatos deste tipo de análise realizada com os escores. Esta análise teve como objetivo reduzir as 42 medidas obtidas com o instrumento em um conjunto menor de fatores, para simplificar o processo de análise dos dados. Os resultados da análise fatorial podem ser visualizados no ANEXO A. As análises realizadas com este teste foram feitas levando em consideração os oito fatores encontrados, como descrito anteriormente.

Passar-se-á agora aos resultados das estatísticas descritivas. Estas foram calculadas tanto para os testes (BPR-5, BFM-1 e PMK) quanto para os critérios (avaliação de desempenho, acidentes de trabalho e produtividade).

Tabela 4. Estatísticas descritivas do BPR-5 para o Escore Padrão Normalizado (EPN)

BPR-5	N	Mínimo	Máximo	Média	DP	Assimetria	Curtose
RA	79	67	129	94	11,7	0,546	0,518
RV	79	74	132	102	14,2	0,157	-0,758
RM	79	76	146	111	12,4	0,300	0,665
RE	79	63	146	99	14,1	0,777	1,765
RN	79	75	146	103	15,0	0,778	0,891
EG5	79	73	140	101	13,0	0,223	0,352

Legenda. RA: Raciocínio Abstrato; RV: Raciocínio Verbal; RM: Raciocínio Mecânico; RE: Raciocínio Espacial; RN: Raciocínio Numérico;EG5: Escore total nas 5 provas.

De acordo com a Tabela 4, todos os sujeitos da amostra foram submetidos à aplicação da bateria e apresentaram maior média de desempenho nos Raciocínios Mecânico e Numérico. A média de todas as provas, representada pelo EPN total, encontra-se dentro da Zona Média, de acordo com a classificação do Manual da bateria, com o desvio-padrão também dentro do esperado. A assimetria e a curtose foram positivas para a maioria das provas, revelando que a maioria dos sujeitos tendeu a apresentar um desempenho abaixo da média e a distribuição tendeu a ser leptocúrtica, com maior concentração ao redor da média.

Tabela 5. Estatísticas descritivas do BFM-1 para o total de acertos, omissões e erros nas provas da bateria

BPR-5	N	Mínimo	Máximo	Média	DP	Assimetria	Curtose
At. Dif.	79	20	50	33	6,66	0,379	-0,403
At. Conc.	79	54	130	95	18,40	0,334	-0,644
At. Discr.	79	51	130	101	19,20	-0,187	-0,482
Om. At. Conc.	79	0	13	1,10	2,20	3,70	15,13
Err. At. Conc.	79	0	1	0,01	0,11	8,94	80
Om. At. Discr.	79	0	25	2,44	3,76	3,61	17,20
Err At. Discr.	79	0	2	0,13	0,487	3,68	11,80

Legenda: At. Dif.: Atenção Difusa; At. Conc.: Atenção Concentrada; At. Discr.: Atenção Discriminativa; Om. At. Conc.: Omissões no Teste de Atenção Concentrada; Err. At. Conc.: Erros no Teste de Atenção Concentrada; Om. At. Discr.: Omissões no Teste de Atenção Discriminativa; Err. At. Discr.: Erros no Teste de Atenção Discriminativa

Com relação ao desempenho no BFM-1, o teste de atenção discriminativa destaca-se por ter sido aquele em que a amostra revelou maior número de acertos e, também, maior desvio-padrão, indicando maior variabilidade nas respostas dos sujeitos. A respeito dos erros e omissões, nota-se que o número de omissões foi maior que o número de erros, tanto para a prova de atenção concentrada, quanto discriminativa, sendo que o número de omissões com relação à atenção discriminativa foi o que aconteceu com maior freqüência. Devido ao pequeno número de erros e omissões, a distribuição revelou assimetria e curtose positivas, com uma maior concentração abaixo da média.

Em relação às estatísticas descritivas para a distribuição do PMK estas não puderam ser calculadas, uma vez que apesar de toda a amostra ter sido submetida ao teste, as medidas não permitem tal tipo de análise. Passar-se-á, então, à descrição dos critérios.

Tabela 6. Estatísticas descritivas para a média da Avaliação de Desempenho do ano de 2003

	N	Mínimo	Máximo	Média	DP	Assimetria	Curtose
Média do Desempenho	77	5,35	10	9,0	0,85	-1,907	4,950

Em relação à avaliação de desempenho, para os 10 fatores presentes na Avaliação dos funcionários, também, foi realizada uma análise fatorial. Nos resultados foi encontrado somente um fator, responsável por explicar 75% da variância. Em função disso, os cálculos realizados com a Avaliação de Desempenho levaram em conta a média das notas da avaliação de cada funcionário.

De acordo com a Tabela 6, a média da avaliação foi de 9 pontos, numa escala que variava de 0 a 10, com desvio padrão 0,85. Tal fato, associado a uma assimetria negativa e a uma curtose positiva, revela uma tendência dos avaliadores em atribuir uma nota alta em relação ao desempenho dos funcionários, com uma pequena variabilidade entre os dados.

Em relação aos acidentes de trabalho, as estatísticas descritivas foram calculadas para os acidentes ocorridos nos últimos 5 anos e nos últimos 2 anos. Os resultados podem ser vistos a seguir.

Tabela 7. Estatísticas descritivas para os acidentes de trabalho ocorridos no período de 1998 a 2003

N	f	%	Fa
0	64	80,0	80,0
1	13	16,3	96,3
2	1	1,3	97,5
3	2	2,5	100,0
Total	79	100,0	

Legenda. Fa: Freqüência acumulada

Pela Tabela verifica-se que 80% da amostra do estudo não sofreu nenhum acidente de trabalho nos últimos 5 anos, e dos 20% que sofreram algum acidente, o número máximo foi de 3, sendo que 1 pessoa sofreu 2 acidentes, 2 pessoas sofreram 3 acidentes e 13 pessoas sofreram 1 acidente. Em relação aos acidentes ocorridos num período de 2 anos os resultados podem ser vistos a seguir.

Tabela 8. Estatísticas descritivas para os acidentes de trabalho ocorridos entre 2001 e 2003

N	f	%	Fa
0	73	92,4	92,4
1	6	7,6	100,0
Total	79	100,0	

Pela Tabela pode-se visualizar que nos últimos 2 anos o número máximo de acidentes sofridos foi 1, o que representa uma porcentagem de 7,6% de acidentes. 92,4 % da amostra não sofreu nenhum acidente nos últimos 2 anos.

Com relação ao último critério, a Produtividade, foi utilizada para os cálculos a média de produção do ano de 2003, levando em conta a média dos meses de Janeiro a Dezembro do mesmo ano. A Tabela com a descrição da amostra encontra-se a seguir.

Tabela 9. Estatísticas descritivas para a média da Produtividade do ano de 2003 em Us

	N	Mínimo	Máximo	Média	DP	Assimetria	Curtose
Média da Produtividade	16	15,5	47,7	28,8	7,86	0,895	1,0981

Nota-se que, para as 16 equipes avaliadas, de um valor máximo de 47,7 Us/mês, a média foi de 28,8 Us/mês, com desvio padrão 7,86. A assimetria positiva revela uma tendência da maioria dos dados de se localizarem abaixo da média apesar de apresentarem tendência de localização próxima à média, de acordo com o valor de 1,091 da curtose.

Passar-se-á agora aos resultados das correlações entre o desempenho nos testes e nos critérios. Para facilitar a visualização dos resultados optou-se por descrever as correlações dos testes em relação aos três critérios da pesquisa. Levando-se em consideração o fato de que o tempo de exercício na função pode influenciar o conhecimento da tarefa e, conseqüentemente, o desempenho nos critérios utilizados na pesquisa, foi realizado o cálculo das correlações testes-critério, considerando o tempo de exercício da função, em número de anos. Como os participantes da pesquisa variavam de 01 a 24 anos de trabalho na linha viva, foi adotado o critério de separação em 2 grupos, sendo que o 1° possuía tempo de experiência de 1 a 5 anos e o 2° grupo de 6 a 24 anos. Tal divisão foi realizada com base no artigo de Schmidt et al. (1986), no qual os autores realizaram um estudo similar com o objetivo de verificar o impacto do conhecimento da tarefa na performance do funcionário no trabalho. Os resultados encontram-se a seguir. Serão descritas as correlações dos testes BPR-5, BFM-1 e PMK em função da avaliação de desempenho, depois dos acidentes de trabalho e, finalmente em relação à média da produtividade.

Tabela 10. Correlações entre o desempenho no BPR-5 e a média da Avaliação de Desempenho

BPR-5	Média geral	Média Grupo 1	Média Grupo 2
EG5	0,082	0,082	0,106
RA	0,053	0,131	-0,024
RV	0,195	0,098	0,291
RM	0,063	0,109	0,033
RE	0,033	0,027	0,078
RN	0,021	0,033	0,042

De acordo com a tabela, pode-se observar que não houve correlação significante entre nenhum dos subtestes do BPR-5 e nem do escore total na bateria (EG5) com a média da Avaliação de Desempenho, tanto para funcionários com menor ou maior tempo de experiência na função. O cálculo também foi feito com o BFM-1. Os resultados encontram-se na Tabela a seguir.

Tabela 11. Correlações entre o desempenho no BFM-1 e a média da Avaliação de Desempenho

BPR-5	Média geral	Média Grupo 1	Média Grupo 2
At Dif	0,039	-0,027	0,093
At Conc	0,279*	0,235	0,309*
At Discr	0,143	0,083	0,273
Om At Conc	0,083	0,083	-0,122
Err At Conc	-0,021	–	-0,045
Om At Discr	-0,062	-0,090	-0,021
Err At Discr	-0,412**	-0,269	-0,690**

Nota. * p< 0,05 ** p<0,01

Os resultados mostram que houve correlação positiva e significante entre o teste de Atenção Concentrada e a média da Avaliação de Desempenho, revelando que funcionários que possuem maior capacidade de concentração no trabalho tendem a ser melhor avaliados pelos supervisores, principalmente aqueles com maior experiência. Houve, também, correlação significativa e negativa entre o número de erros no teste de Atenção Discriminativa e o desempenho no trabalho, revelando que quanto menos erros de discriminação os empregados cometem, mais bem avaliados eles tendem a ser. Novamente esta correlação se mostrou mais significante para os funcionários com mais de 5 anos de experiência. A seguir serão apresentados os resultados da correlação entre os fatores do PMK e a Avaliação de Desempenho.

Tabela 12. Correlações entre o desempenho no PMK e a média da Avaliação de Desempenho

PMK/Fatores	Média geral	Média Grupo 1	Média Grupo 2
1	0,042	0,222	-0,121
2	-0,057	-0,153	0,029
3	0,075	0,003	0,094
4	-0,167	-0,159	-0,167
5	0,026	-0,016	0,016
6	0,017	0,036	0,038
7	0,053	-0,140	0,207
8	-0,060	-0,156	0,035

Pode-se observar, como no caso do BPR-5, que não houve correlação significante entre nenhum dos fatores do PMK e a média de desempenho dos funcionários, independente do tempo de experiência no trabalho. Serão descritos a seguir os resultados das correlações entre os testes e o critério número de acidentes de trabalho. Foram realizadas análises tanto para os acidentes ocorridos nos últimos 5 anos, quanto para os que ocorreram nos últimos 2 anos.

Tabela 13. Correlações entre o desempenho no BPR-5 e o número de acidentes de trabalho

BPR-5	Total geral acidentes		Acidentes Grupo 1		Acidentes Grupo 2	
	5 anos	2 anos	5 anos	2 anos	5 anos	2 anos
EG5	-0,155	-0,072	-0,390*	-0,390*	-0,035	0,187
RA	-0,037	-0,065	-0,398*	-0,398*	-0,099	0,144
RV	-0,261*	-0,241*	-0,371*	-0,371*	-0,182	0,059
RM	-0,068	-0,077	-0,297	-0,297	0,057	0,109
RE	-0,132	-0,161	-0,421*	-0,421*	0,050	0,087
RN	-0,086	-0,068	-0,123	-0,123	-0,036	-0,013

Nota.* $p<0,05$

Os resultados revelam correlações negativas e significante para 3 provas do BPR-5 (RA, RV e RE) e para o escore geral na bateria (EG5) para o Grupo 01. Tal fato revela que as pessoas com menos tempo de experiência na função tendem a sofrer menos acidentes de trabalho à medida que revelam maiores notas em testes que avaliam a inteligência. Para o total das pessoas, somente a prova RV apresentou correlação significante, revelando que quanto maior a capacidade de raciocínio verbal dos funcionários, independente do tempo de experiência na função, menor a chance de ocorrerem acidentes de trabalho. A seguir serão apresentadas as correlações do BFM-1.

Tabela 14. Correlações entre o desempenho no BFM-1 e o número de acidentes de trabalho

BFM-1	Total geral acidentes		Acidentes Grupo 1		Acidentes Grupo 2	
	5 anos	2 anos	5 anos	2 anos	5 anos	2 anos
At Dif	-0,222*	-0,185	-0,240	-0,240	-0,255	-0,152
At Conc	0,107	0,079	-0,120	-0,120	0,194	0,196
At Discr	0,165	-0,026	-0,066	-0,066	0,205	-0,019
Om At Conc	-0,094	-0,056	0,058	0,058	-0,177	-0,176
Err At Conc	-0,057	-0,055	–	–	-0,107	-0,107
Om At Discr	0,194	0,260*	0,333*	0,333*	0,228	0,229
Err At Discr	-0,002	-0,075	-0,086	-0,086	0,222	-0,049

Nota. *p<0,05

As análises revelaram a existência de correlação negativa e significante entre o teste de atenção difusa e o total de acidentes causados por funcionários nos últimos 5 anos. Isto significa que quanto maior o escore no teste de atenção difusa, menor a chance de ocorrência de acidentes de trabalho. Houve, também, correlação positiva e significante entre as omissões no teste de atenção discriminativa e os acidentes de trabalho, sendo maior o coeficiente de correlação para os acidentes ocorridos com o grupo com menor tempo de experiência. Tal resultado indica que quanto menor o número de omissões, menor a chance de funcionários menos experientes sofrerem acidentes no trabalho. Passar-se-á agora aos resultados do teste PMK.

Tabela 15. Correlações entre o desempenho no PMK e o número de acidentes de trabalho

PMK/ Fatores	Total geral acidentes		Acidentes Grupo 1		Acidentes Grupo 2	
	5 anos	2 anos	5 anos	2 anos	5 anos	2 anos
1	-0,065	-0,142	-0,068	-0,068	-0,080	-0,201
2	-0,064	-0,047	0,146	0,146	-0,202	-0,219
3	0,278*	-0,024	-0,055	-0,055	0,357*	-0,015
4	-0,065	0,025	-0,010	-0,010	-0,073	0,079
5	-0,048	-0,058	0,027	0,027	0,126	-0,115
6	0,056	0,083	0,268	0,268	0,008	-0,061
7	0,042	0,109	0,321	0,321	-0,056	-0,040
8	0,008	0,035	0,053	0,053	0,032	0,029

Nota. *$p<0,05$

O fator 3 do teste PMK apresentou correlação positiva e significante para o total de acidentes nos últimos 5 anos e também para o número de acidentes sofridos por funcionários com maior tempo de experiência. Estando o fator 3 relacionado ao traço agressividade, tal resultado encontrado indica que quanto mais hetero-agressivo for o funcionário, ou seja, quanto mais ele dirigir sua agressividade para o meio, maior a chance dele sofrer acidentes no trabalho, mesmo possuindo experiência na função.

Serão descritos a seguir os resultados dos cálculos dos coeficientes de correlação realizados entre os testes e o terceiro critério, a produtividade. Como mencionado anteriormente, a produtividade foi mensurada levando em consideração a produção de 16 equipes que compunham a linha viva, representadas pelo encarregado. Como todos os 16 encarregados possuíam tempo de experiência maior que 5 anos, os cálculos foram feitos somente com a média do Grupo 2, uma vez que todos os componentes da equipe estavam inseridos no grupo.

Tabela 16. Correlações entre o desempenho no BPR-5 e a média da produtividade do ano de 2003

BPR-5	Média da Produtividade
RA	0,160
RV	0,276
RM	0,003
RE	0,049
RN	0,103
EG5	0,285

Pela Tabela pode-se observar que nenhum dos subtestes do BPR-5, nem o escore geral na bateria (EG5), correlacionou-se significativamente com a produção dos funcionários. Os resultados do BFM-1 encontram-se a seguir.

Tabela 17. Correlações entre o desempenho no BFM-1 e a média da produtividade do ano de 2003

BPR-5	Média da Produtividade
At Dif	0,126
At Conc	-0,109
At Discr	0,079
Om At Conc	-0,056
Err At Conc	-0,002
Om At Discr	-0,516*
Err At Discr	–

Nota. *p<0,05

Os resultados dos cálculos revelaram correlação significante e negativa para o número de omissões no teste de atenção discriminativa, indicando que quanto menor for o número de omissões envolvendo tarefas que exigem discriminação de estímulos, maior tende a ser a produtividade dos funcionários. Em relação ao PMK as análises encontram-se a seguir.

Tabela 18. Correlações entre o desempenho no PMK e a média da produtividade do ano de 2003

PMK/ Fatores	Média da Produtividade
1	0,381
2	-0,178
3	0,144
4	-0,474
5	0,693*
6	-0,425
7	0,210
8	0,344

Nota. *p<0,01

Pela Tabela pode-se observar que o fator 5 do PMK foi o único que apresentou correlação positiva e significante com a produção dos funcionários. Tal fator refere-se a traços de rigidez/impulsividade, indicando que os funcionários mais impulsivos tenderam a produzir mais. No próximo tópico será feita uma discussão dos resultados.

5.6 Discussão

O estudo realizado teve como objetivo verificar as evidências de validade do BPR-5, BFM-1 e PMK para o contexto organizacional. Tais testes avaliam, respectivamente, inteligência, atenção e traços de personalidade. No Brasil, a maioria das empresas que trabalham com seleção de pessoal utilizam testes psicológicos, no entanto, os estudos realizados na área focam mais o fato de quais testes são utilizados, do que a questão de se realmente tais instrumentos estão mensurando traços que discriminam funcionários que poderão desempenhar melhor suas tarefas no ambiente de trabalho. Reside aí a importância da realização de pesquisas que busquem identificar as evidências de validade de testes psicológicos no contexto em que eles estão sendo utilizados.

Wanderley (1985) já afirmava que a avaliação psicológica no contexto organizacional deve estar firmemente amparada em estudos que não deixem dúvidas entre o que é medido pelo teste e o que é realizado no trabalho. Neste sentido, o presente estudo utilizou os testes referidos anteriormente como preditores e como critério foram utilizadas três medidas de desempenho: a avaliação de desempenho, o número de acidentes de trabalho e a produtividade.

A maioria dos participantes apresentou resultados no BPR-5 e BFM-1 dentro da zona média. Na avaliação de desempenho, a nota média foi nove, numa escala que variava de 0 a 10, ficando aí evidenciada uma tendência dos avaliadores em atribuir uma nota alta ao desempenho dos funcionários, com um desvio padrão pequeno (0,85) indicando pouca variabilidade entre os dados. Apesar da avaliação de desempenho ser o critério mais utilizado em estudos que busquem verificar as evidências de validade de testes para o contexto organizacional (Viswesvaran, Ones & Schmidt, 1996; Murphy & Shiarella,

2000), pesquisadores alertam para o fato de que este critério é o que está mais sujeito a sofrer influências por valores pessoais do avaliador (Schmidt, Hunter & Outerbridge, 1986). Apesar do fato de, no presente estudo, a avaliação ter sido feita por dois supervisores, mesmo assim notou-se uma tendência de atribuir uma nota alta aos funcionários. Essa tendência pode, também, refletir o fato de que esta avaliação foi reimplantada na empresa depois de um período de cinco anos sem avaliações, justamente no ano de realização da pesquisa. Outro fator que, também, deve ser considerado é o de que a função realizada por esta amostra em específico é de alto risco, e se os funcionários não forem realmente bons, a chance de acidentes de trabalho é bastante alta. Talvez, por isso, a nota alta pode ser reflexo do fato dos trabalhadores realmente serem bons funcionários.

Em relação ao número de acidentes de trabalho, esse também é um critério muito utilizado por pesquisadores em contextos organizacionais (Borman, Hanson & Hedge, 1997; Lauver & Le, 2001). Devido ao fato dos funcionários haverem sofrido poucos acidentes no ano de realização da pesquisa e, também, do fato desta variável, dentre os 3 critérios mensurados, ter sido a mais objetiva, optou-se por trabalhar com os acidentes ocorridos num período de 5 anos (1998 a 2003), totalizando 16 acidentes e num período de 2 anos (2001 a 2003), totalizando 6 acidentes.

O índice de Produtividade também é uma medida objetiva de desempenho. No entanto, a empresa em que a pesquisa foi realizada mensurava a produção por equipe, sendo medida pelo nome do encarregado responsável. Apesar das equipes serem fixas, existiam as de 3 e 5 funcionários. O fato da produção não ser medida individualmente, pode ter comprometido os resultados, principalmente dos testes com tal critério.

Brodgen (1949) quando elaborou a fórmula U = (rxy . SDy . Zxs) – C, referente ao lucro de um processo seletivo, alertou para o fato de que quando há pouca variabilidade no desempenho torna-se difícil discriminar quais são os critérios mais relevantes para um bom desempenho na função. Por isso, constatou-se, que na presente pesquisa, os acidentes de trabalho foram os dados mais objetivos, uma vez que os outros dois critérios revelaram pouca variabilidade entre os dados dos funcionários individualmente.

Em relação aos coeficientes de correlação, os cálculos foram realizados tanto para funcionários com menor tempo de experiência na tarefa quanto para os que possuíam mais tempo. Tal divisão ocorreu na tentativa de verificar se o valor preditor dos testes é influenciado pelo tempo de experiência no trabalho. Vários autores comentam sobre o impacto do conhecimento da tarefa na performance do funcionário no trabalho (Schmidt, Hunter & Outerbridge, 1986; Caretta & Doub, 1998). Na pesquisa esta importância ficou evidenciada, principalmente para os testes de inteligência, como será discutido.

Nos cálculos de correlação com a avaliação de desempenho somente os testes de atenção concentrada e o número de erros no teste de atenção discriminativa revelaram correlação significante. Como descrito anteriormente, devido ao fato de haverem sido atribuídas notas altas aos funcionários em tal critério, somente os piores trabalhadores receberam nota baixa e as provas dos testes de atenção parecem ter sido capazes de discriminar tal fato.

Em relação aos acidentes de trabalho houve correlação significante para o grupo com menor tempo de experiência nos subtestes Raciocínio Abstrato (RA), Raciocínio Verbal (RV), Raciocínio Espacial (RE) e para o escore total nas cinco provas (EG5). Tais subtestes avaliam principalmente inteligência fluida, referente à capacidade de raciocínio em situações novas, dependentes minimamente de conhecimentos adquiridos e, por sua vez, também estão associados à inteligência cristalizada, referente à extensão e profundidade de conhecimentos adquiridos de uma cultura e à aplicação efetiva deste conhecimento (McGrew & Flanagan, 1998).

Os resultados revelam que para pessoas com menor tempo de experiência numa função, o fator g desempenha um papel importante na aprendizagem dessas tarefas novas. À medida que o funcionário apresenta maior conhecimento da tarefa, o valor preditor do fator g diminui. Tal afirmação já havia sido feita por Caretta e Doub (1998) e, também, é corroborada no presente estudo, uma vez que para os funcionários com maior tempo de experiência não houve correlações significantes com o BPR-5.

O Raciocínio Verbal (RV), referente à extensão do vocabulário e à capacidade de estabelecer relações abstratas entre conceitos verbais, foi a única prova que se correlacionou de maneira significante com o total geral de acidentes. Tal fato pode ser explicado, entre outros, por uma particularidade da linha viva, que é a de toda vez, antes de executar um serviço, chegar ao local e discutir verbalmente passo a passo a resolução da tarefa, antes de subir na rede energizada. Esta seria uma possibilidade de explicação do por que pessoas com maior capacidade de RV sofrem menos acidentes.

Em relação ao BFM-1 os subtestes que apresentaram correlação significante com os acidentes foram os de atenção difusa e omissões nos testes de atenção discriminativa para o total geral de acidentes, sendo que tais omissões revelaram-se mais significantes para funcionários mais novos na função. A atenção difusa refere-se à capacidade de percepção de vários estímulos num ambiente e a atenção discriminativa à discriminação entre estímulos diferentes e a uma tomada de decisão. O teste de atenção discriminativa revela-se como uma tarefa mais complexa. Tanto a atenção difusa quanto o número de omissões no teste de atenção discriminativa revelaram correlações com os acidentes.

Em relação ao PMK houve correlação com os acidentes no fator 3, referente a traços de agressividade. Especificamente, esta correlação ocorreu com o traço de heteroagressividade, indicando que, dentre os traços de personalidade avaliados pelo teste, o fator agressividade é o único que predispõe o funcionário, independente do tempo de experiência, a sofrer mais acidentes no trabalho, especialmente quando a agressividade é voltada para o meio, e não para o próprio sujeito.

As correlações realizadas com a produtividade revelaram-se significantes novamente para o número de omissões no teste de atenção discriminativa e para o fator 5 do PMK, referente a traços de impulsividade, indicando que quanto mais impulsivo é o funcionário, maior é a sua produção. O critério produtividade foi o que apresentou maiores valores dos coeficientes de correlação encontrados em comparação com os valores coeficientes dos outros critérios. Tal fato pode indicar que os fatores, anteriormente mencionados, são importantes para que o funcionário obtenha uma boa produção, mas também, se deve levar em conta as limitações desse critério, como discutido anteriormente. Outro fato que merece atenção refere-se à validade das interpretações atribuídas aos escores obtidos no PMK. Os resultados encontrados neste estudo ora coerentes (agressividade) e ora incoerentes (produtividade) sugerem que, talvez, a variável medida por esses indicadores, embora útil, não seja aquela que se pensava a princípio. Outro fato importante é que a utilização da versão reduzida do PMK é muito freqüente em empresas brasileiras. Os resultados encontrados levantam a questão de quais variáveis medidas pelo teste devem ser levadas em consideração no momento da tomada de decisão referente à aprovação ou não de um candidato. Mais estudos são necessários para esclarecer estas e outras questões referentes à validade do PMK para o contexto organizacional.

Em relação aos valores das correlações encontrados com os outros critérios, principalmente os acidentes de trabalho, eles corroboram os achados da literatura de que os testes de inteligência possuem um valor preditor maior do desempenho no trabalho, que os testes de personalidade (Ghiselli, 1973; Hunter, 1986; McHenry et al., 1990; Schmidt & Hunter, 1998; Outtz, 2002; Scmidt, 2002; Kuncel, Hezlett & Ones, 2004).

Novas pesquisas poderiam ser realizadas utilizando, por exemplo, um maior número de sujeitos e funcionários de diferentes funções nas empresas para verificar o poder de discriminação de determinados traços para funções diferentes.

Pesquisas também poderiam ser utilizadas incluindo as Escalas do *Big Five,* para verificar o poder preditor dos traços de conscensiosidade e de testes de integridade no trabalho. Atualmente não dispomos no Brasil de testes de integridade, que estejam padronizados e validados para nossa população, apesar de estudos com o *Big Five* já estarem sendo realizados. Este é um outro fato que merece especial atenção, uma vez que em pesquisas estrangeiras os traços de personalidade que revelaram maiores coeficientes de validade foram os referentes a estes traços, e a avaliação da personalidade no Brasil muitas vezes é realizada de maneira muito pormenorizada, utilizando-se vários instrumentos, que muitas vezes podem não ser necessários. Reforça-se, mais uma vez, a necessidade de realização de estudos de evidências de validade nessa área.

Em relação aos objetivos do estudo, ficaram comprovadas as evidências de validade dos três testes utilizados para funcionários do setor elétrico, sendo que o teste BPR-5 e o critério acidentes de trabalho foram o que mais se destacaram, em função do número de correlações significatntes encontradas. Evidencia-se, para o setor, a importância da avaliação da inteligência, da função cognitiva atenção e de traços de agressividade.

Conclusão

Uma questão muito discutida hoje em dia pelos psicólogos organizacionais, principalmente os que trabalham com processos de seleção de pessoal, é: "O que realmente deve-se observar nos candidatos que se submetem a processos seletivos? Quais características eles devem possuir para serem bons funcionários no ambiente de trabalho?"

Este livro, em certa medida, tentou responder estas questões. Observa-se que atualmente no Brasil os processos de seleção que utilizam testes psicológicos se baseiam quase exclusivamente em testes de personalidade, buscando, assim, encontrar candidatos com um caráter mais adequado para o cargo.

A literatura internacional, no entanto, desde a década de 50 até os dias atuais, ressalta a importância dos testes de inteligência e da sua relação com a aprendizagem de tarefas. Os testes de personalidade também se revelam importantes, mas em menor grau. Este trabalho, também, corrobora com o poder preditivo dos testes de inteligência, associados a alguns traços de personalidade.

Os resultados encontrados reforçam a necessidade da realização de estudos de validade com testes no Brasil, pois muitas características reveladas por um teste e, que são o motivo de reprovação de candidatos, podem não ser características relevantes para um bom desempenho na função. Neste sentido, não adianta somente aprovar ou reprovar um candidato porque ele tirou uma nota baixa ou alta num teste, mas provar, de maneira científica, que aquela nota discrimina uma característica de um funcionário que desempenhará de forma segura e produtiva suas tarefas no ambiente de trabalho. É este o grande desafio dos psicólogos que lidam com seleção de pessoal hoje no Brasil.

Referências bibliográficas

Almeida, L. S. (1988). *O raciocínio diferencial dos jovens*. Porto: Instituto Nacional de Investigação Científica.

Almeida, L. S. & Primi, R. (1998). *Baterias de Prova de Raciocínio – BPR-5*. São Paulo: Casa do Psicólogo.

Allport, F. H.; G. W. (1921). Personality traits: their classification and measurement. *Journal of Abnormal and Social Psychology, 16*, 1-40.

Amaral, F. V. (1978). *Pirâmides Coloridas de Pfister.* Rio de Janeiro: Cepa.

American Educational Research Association, American Psychological Association & National Council for Measurement in Education (1999). *Standards for educational and psychological testing*. Washington: American Education Research Association.

Anastasi, A. & Urbina, S. (2000). *Testagem Psicológica*. (7ª ed.). Porto Alegre: Artes Médicas.

Arraes, M.G. & Ruiz, E. R. (1983). Padronização para seleção de pessoal: um estudo exploratório para escolha dos testes. *Arquivos Brasileiros de Psicologia, 2*(37), 170-184.

Arvey, R. D. & Murphy, K. R. (1998). Performance evaluation in work settings. *Annual Review of Psychology, 49*, 141-168.

Barrick, M. R. & Mount, M. K. (1991). The Big Five Personality dimensions and job performance: a meta-analysis. *Personnel Psychology, 44*, 1-26.

Blau, G. (1990). Exploring the mediating mechanisms affecting the relationship of recruitment source to employee performance. *Journal of Vocational Behavior, 37*, 303 – 320.

Borman, W. C.; Hanson, M. A. & Hedge, J. W. (1997). Personnel Selection. *Annual Review of Psychology, 48*, 299-337.

Brickenkamp, R. (1990). *Teste d2 Atenção Concentrada: manual, instruções, avaliação e interpretação*. São Paulo: Casa do Psicólogo.

Brodgen, H. E. (1949). When testing pays off. *Personnel Psychology, 2*, 171-183.

Bueno, J. M. H. & Primi, R. (2000). Inteligência emocional: definição do constructo e instrumentos de medida. Em F. F. Sisto, E. T. B. Sbardelini & R. Primi. (Orgs), *Contextos e questões da avaliação psicológica*, (pp 135-154). São Paulo: Casa do Psicólogo.

Cambraia, S. V. (1967). *Teste AC Atenção Concentrada*. São Paulo: Vetor.

Campanhole, A; H. L. (1985). *Consolidação das Leis de Trabalho e legislação complementar*. (94ª ed.). São Paulo: Atlas.

Caretta, T. R. & Doub, T. W. (1998). Group differences in the role of g and prior job knowledge in the acquisition of subsequent job knowledge. *Personnel Individual Differences, 23*, 585-593.

Carmo, J. C, Almeida, I. M., Binder, M. C. P. & Settini, M.M. (1995). Acidentes de trabalho. Em: *Patologia do Trabalho*. R. Mendes (Org). (pp 431- 455).Rio de Janeiro: Ateneu.

Carroll, J. B. (1993). *Human Cognitive Abilities: a survey of factor-analytic studies*. New York: Cambridge University Press.

Cattell, R. B. (1957). *Personality and motivation: structure and measurement*. New York: World Book.

Cattell, R. B.; H. P. (1993). *Questionário 16 PF*. (Quinta Ed). Rio de Janeiro: Cepa.

Chiavenato, I. (1985). *Recursos Humanos*. São Paulo: Atlas.

Colom, M. R. (1998). *Psicología de las Diferencias Individuales. Teoria y Prática*. Pirámide: Madrid.

Conselho Federal de Psicologia (2002). Resolução CFP N 001/ 2002. Disponível: www.pol.org.br

Conselho Federal de Psicologia (2003). Resolução CFP Nº 002/ 2003. Disponível: www.pol.org.br

Costa, P. T.; J. R. e McCrae, R. R.. (1992). *NEOPI-R: Professional manual*. Odessa, FL: Psychological Assessment Resources.

Craig, S. B., Devries, K. & Smith, S. A. (2000). *Integrity and personality: a person oriented investigation*. Symposium presented at the Annual Conference of the Society for Industrial Organizational Psychology, New Orleans.

Dewes, F. (1981). Fatores de avaliação do desempenho no trabalho. *Psico, 1*(2), 56-60.

Eysenck, H.; M. (1985). *Personalidad y diferencias individuales*. Madrid, Pirámide.

Gama, A. M. P. G.; Câmara, G. C. V. ; Barbosa, J. F. & Paula, M. V. (2002). *Avaliação psicológica: dentro ou fora das organizações?* – Estudo realizado em empresas da região metropolitana de Belo Horizonte. (Anais do VI Encontro Mineiro de Avaliação Psicológica, Belo Horizonte-MG – no prelo).

Ghiselli, E. E. (1973). The validity of aptitude tests in personnel selection. *Personnel Psychology, 26,* 461-477.

Gottfredson, L. S. (2003). Intelligence: is it the epidemiologists´ elusive "fundamental cause" of social inequalities in health? *Journal of Personality and Social Psychology*, In Press

Guerra, G. A. (1977). *O Teste de Zulliger: uma experiência brasileira*. Rio de Janeiro: CEPA.

Guilford, J. P. (1959). *Personality.* New York: McGraw Hill.

Hale, A.R.; M. (1972). *A review of the industrial accident literature.* London: HMSO.

Hale, A. R. & Glendon, A. I. (1987). *Individual behavior in the control of danger.* (Industrial Safety Series, 2.) New York: Elsevire.

Herencia, C. C.; Moraes, M. Z.; Nogueira, J .G. A; Rocha, F. C. A.; Sombra, J. L. & Torres, C. V. (1997). Instrumentos utilizados em seleção de pessoal: sua validade aparente. *Arquivos Brasileiros de Psicologia, 1*(49), 31-42.

Hough, L. M. & Oswald, F. L. (2000). Personnel Selection: looking toward the future, remembering the past. *Annual Review of Psychology, 51*, 631-664.

Hunter, J. E. (1986). Cognitive ability, cognitive aptitudes, job knowledge and job performance. *Journal of Vocational Behavior, 29*, 340 – 362.

Hunter, J. & Hunter, R. F. (1984). Validity and utility of alternative predictions of job performance. *Psychological Bulletin, 98*, 72-98.

Hunter, J. E. & Schmidt, F. L. (1983). Quantifying the effects of psychological interventions on employee job performance and work-force productivity. *American Psychologist, 38,* 473-478.

James, W. (1983). *The Principles of Psychology*. Cambridge: Harvard College.

John, O. P. (1990). The 'Big Five' factor taxonomy: dimensions of personality in the natural language and in questionnaires. In: L. A. Pervin (Ed), *Handbook of personality: theory and research*. (pp 66-100). New York: Guilford Press.

Kuncel, N. R., Hezlett, S. A. & Ones, D. S. (2004). Academic Performance, Career Potential, Creativity and Job Performance: can one construct predict them all? *Journal of Personality and Social Psychology, 86*(1), 148 – 161.

Landy, F. J. (1997). Early influences on the development of industrial and organizational psychology. *Journal of Applied Psychology, 82(*4), 467-477.

Lauver, K. J. & Le, H. (2001). *Personality factors and their impact on the organization's bottom line: the affect of workplace injuries as shown through a meta-analysis.* Conference Presented at the academy of management, Toronto, Canada.

McCrae, R. R. & Costa Jr, P.T. (1990). *Personality in adulthood.* New York: Guilford Press.

McGrew, K. S. (1997). Analysis of the major intelligence batteries according to a proposed comprehensive Gf-Gc framework. In D. P. Flanagan, J. L. Genshaft & P. L. Harrison (Eds.), *Contemporary intellectual assessment: theories, testes and issues* (pp 151-179). New York: Guildford.

McGrew, K. S. (2004). *The Cattell-Horn-Carroll (CHC) Theory of Cognitive Abilities; past, present and future.* Disponível: www.iapsych.com

McGrew, K. S. & Flanagan, D. P. (1998). *The intelligence test desk reference (ITDR): Gf-Gc cross-battery assessment.* Needham Heiths: Allyn & Bacon.

McHenry, J. J.; Hough, L. M.; Toquam, J. L.; Hanson, M. A & Ashworth, S. (1990). Project a validity results: the relationship between predictor and criterion domains. *Personnel Psychology, 43*(2), 335-355.

Miller, W. S. (1960). *Technical manual for the Miller Analogies Test.* New York: The Psychological Corporation.

Mira, A. G. (1987). *PMK: Psicodiagnóstico Miocinético*. São Paulo: Vetor.

Mira y L., E. (1940). *Miokinetic Psychodiagnosis; A New Technique of Exploring the Conative Trends of Personality*. Londres, Ed. Longmans, Green & Co. Ltd. Paternest Row.

Murphy, K. R. (1986). When your top choice turns you down: effect of rejected offers on the utility of selection tests. *Psychological Bulletin, 99*(1), 133-138.

Murphy, K. R. & Luther, N. (1997). Assessing honesty, integrity and deception. Em N, Anderson & P, Herriot. (Orgs), *International Handbook of Selection and Assessment*. (pp 369-388). Chichester,UK: Willey.

Murphy, K. R. & Shiarella, A. H. (1997). Implications of the multidimensional nature of job performance for the validity of selection tests: multivariate frameworks for studying test validity. *Personnel Psychology, 50*(4), 823-854.

National Safety Council. (2002). *Injury Facts*. Itasca, IL: Author.

Ones, D. S., Viswesvaran, C. & Schmidt, F. L. (1993). Comprehensive Meta-analysis of integrity test validities: findings and implications for Personnel Selection and theories of job performance. *Journal of Applied Psychology, 78*(4), 679-703.

Ones, D.; Viswesvaran, C. & Dilchert, S. (2005). Cognitive ability in selection decisions. Em O. Wilhelm & R. W. Engle (Orgs). *Handbook of Understanding and Measuring Intelligence.* (pp 431-467). California: Sage publications Inc.

Outtz, J. (2002). The role of cognitive ability tests in employment selection. *Human Performance, 15* (1/2), 161-171.

Pasquali, L. (2001). *Técnicas de Exame Psicológico – TEP I.* São Paulo: Casa do Psicólogo.

Pereira, F. M., Primi, R. & Cobêro, C. (2003). Validade dos testes utilizados em seleção de pessoal segundo recrutadores. *Psicologia: Teoria e Prática, 5*(2), 83-98.

Pervin, L. (1975). *Personalidad: teoría, diagnóstico e investigación.* Bilbao: Desclée de Brouwer.

Pervin, L. & John, O. P. (2004). *Personalidade: teoria e pesquisa.* Porto Alegre: Artmed.

Primi, R. (2003). Inteligência: avanços nos modelos teóricos e nos instrumentos de medida. *Avaliação Psicológica, 2*(1), 67-77.

Primi, R. & Almeida, L. S. (2000a). Estudo de validação da Bateria de Provas de Raciocínio (BPR5). *Psicologia: Teoria e Pesquisa, 16*(2), 165-173.

Primi, R. & Almeida, L. S. (2000b). *BPR-5. Bateria de Provas de Raciocínio. Manual Técnico.* São Paulo: Casa do Psicólogo.

Pulakos, E. D., Borman, W. C & Hough, L. M. (1988). Test validation for scientific understanding: two demonstrations of an approach to studying predictor-criterion linkages. *Personnel Psychology, 41*(4), 703-716.

Ree, M. J.; Earles, J. A. & Teachout, M. S. (1994). Predicting job performance: not much more than g. *Journal of Applied Psychology, 79*(4), 518-524.

Resnick, L. B.; D. P. (1982). Test in America: the current challenge. *International Review of Applied Psychology, 31*(1), 76-90.

Saad, T. L. P. (1993). Responsabilidade civil da empresa nos *acidentes de trabalho.* São Paulo: LTr Editores.

Sampaio, J. R. (1998). Testes psicológicos no processo de seleção de pessoal. Em I. B. Goulart, & J. R., Sampaio. (Orgs), *Psicologia do trabalho e gestão de recursos humanos: estudos contemporâneos.* (pp 149-167). São Paulo: Casa do Psicólogo.

Santos, U. P., Wunsch Filho, V. & Carmo, J.C. (1990). Sistema de vigilância epidemiológica para acidentes de trabalho: experiência da zona norte do município de São Paulo. *Revista Saúde Pública, 24(*4), 286-93.

Schmidt, F. L. (2002). The role of general cognitive ability and job performance: why there cannot be a debate. *Human Performance, 15(1/2),* 187-210.

Schmidt, F. L. & Hunter, J. E. (1979). Impact of valid selection procedures on work-force productivity. *Journal of Applied Psychology, 64*(6), 609-626.

Schmidt, F. L. & Hunter, J. E. (1981). Task differences as moderators of aptitude test validity in selection: a red herring. *Journal of Applied Psychology, 66*(2), 166-185.

Schmidt, F. L. & Hunter, J. E. (1989). *New research findings in Personnel Selection: meet reality in the 80's. Public Personnel Administration Polices and Practices for Personnel Service.* New Jersey: Practice Hall.

Schmidt, F. L. & Hunter, J. E. (1998). The validity and utility of selection methods in Personnel Psychology: practical and theoretical implications of 85 years of research findings. *Psychological Bulletin, 124*(2), 262-274.

Schmidt, F. L., Hunter, J. E & Outerbridge,A. N. (1986). Impact of job experience and ability on job knowledge, wok sample performance, and supervisory ratings of job performance. *Journal of Applied Psychology, 71*(3), 432-439.

Society for Industrial and Organizational Psychology, Inc. (2003). Principles for the_Validation and use of Personnel Selection Procedures. Disponível: www.siop.org

Spearman, C. (1927). *The abilities of man: their nature and measurement*. New York: Macmillan.

SPSS. (2002). *SPSS for Windows*. Standard Version. Release 11.5. Chicago, IL: SPSS Inc.

Tett, R. P., Jackson, D. N. & Rothstein, M. (1991). Personality measures as predictors of job performance: a meta analytic review. *Personnel Psychology, 44*, 703 – 745.

The Psychological Corporation. (1994). *Technical Manual for The Miller Analogies Test: a guide to interpretation*. San Antonio, TX: Author.

Thurstone, L. L. (1938). *Primary mental abilities*. Chicago: University Chicago Press.

Tonglet, E. C. (1999). *BFM-1. Bateria de Funções Mentais para Motorista: Manual do teste e testes de atenção*. São Paulo: Vetor.

Tonglet, E. C. (2002). *BFM-4: Bateria de Funções Mentais para Motoristas: testes de atenção concentrada*. São Paulo: Vetor.

Tonglet, E. C. (2003). *Bateria de Funções Mentais BGFM-2: testes de atenção concentrada*. São Paulo: Vetor.

Viswesvaram, C.; Ones, D. S. & Schmidt, F. L. (1996). Comparative analysis of the reliability of job performance ratings. *Journal of Applied Psychology, 81*(5), 557-574.

Waller, J. A. (1987). Injury: conceptual shifts and preventive applications. *Annual Review of Public Health, 8*, 21-49.

Wanderley, W. M. (1985). Os testes psicológicos em seleção de pessoal: análise crítica dos conceitos e procedimentos utilizados. *Arquivos Brasileiros de Psicologia, 2(*37), 16-31.

Wartegg, E. (1987). *Teste de Wartegg: diagnóstico de camadas*. São Paulo: CETEPP.

Anexo A
Análise fatorial das medidas do teste Psicodiagnóstico Miocinético (PMK)

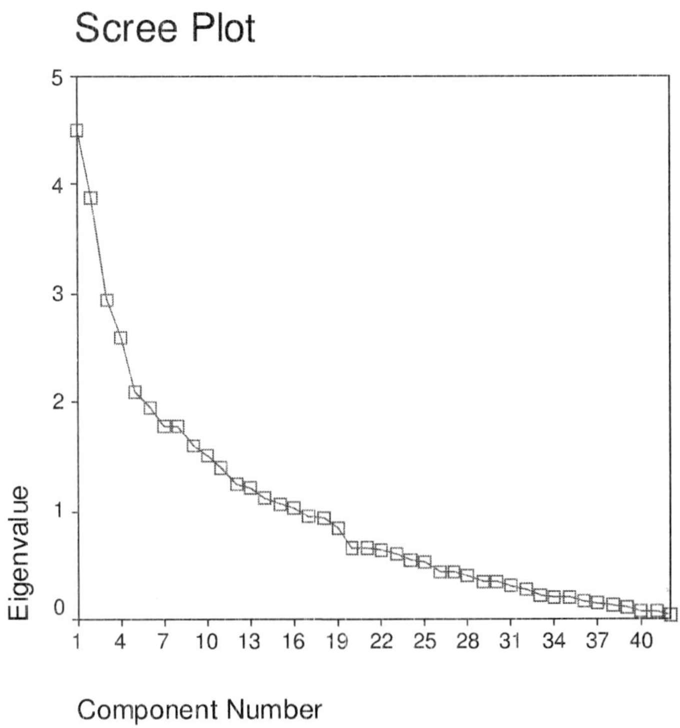

Figura A1. Gráfico Scree Plot dos fatores do PMK

Tabela A1. Resultados na análise fatorial do PMK

Componentes	Eigenvalues Iniciais			Extração das somas das cargas fatoriais			Rotação das somas das cargas fatoriais		
	Total	% da Variância	% Acumulada	Total	% da Variância	% Acumulada	Total	% da Variância	% Acumulada
1	4,506	10,728	10,728	4,506	10,728	10,728	3,301	7,861	7,861
2	3,878	9,234	19,962	3,878	9,234	19,962	3,061	7,288	15,148
3	2,950	7,024	26,986	2,950	7,024	26,986	3,044	7,247	22,396
4	2,592	6,172	33,158	2,592	6,172	33,158	2,636	6,276	28,672
5	2,096	4,991	38,149	2,096	4,991	38,149	2,499	5,949	34,621
6	1,940	4,619	42,768	1,940	4,619	42,768	2,483	5,913	40,534
7	1,780	4,237	47,005	1,780	4,237	47,005	2,423	5,770	46,303
8	1,779	4,236	51,240	1,779	4,236	51,240	2,073	4,937	51,240

Tabela A2. Matriz de cargas fatoriais das variáveis do PMK nos 8 fatores

	Componentes							
	1	2	3	4	5	6	7	8
DSSPG.E3 Desvio secundário sagital Paralelas Egocífugas. Mão esquerda. Intra/extratensão	0,661			-0,313				
DPHL.E3 Desvio primário horizontal lineogramas. Mão esquerda. Intra/extratensão	0,594							
DPVE.E1 Desvio primário vertical escadas. Mão esquerda. Depressão/elação.	0,558				-0,255			
DSSU.E3 Desvio secundário sagital UUs. Mão esquerda. Intra/extratensão	0,558							
DSSL.E3 Desvio secundário sagital lineogramas. Mão esquerda. Intra/extratensão	0,541	-0,369		-0,269				0,259
DSVL.E4 Desvio secundário vertical lineogramas. Mão esquerda.Emotividade foram utilizadas	0,501							
DPVL.D1 Desvio primário vertical lineogramas. Mão Direita. Depressão/elação		0,716						
DPVU.D1 Desvio primário vertical UUs. Mão Direita. Depressão/elação.		0,620						
DPVU.E1 Desvio primário vertical UUs. Mão esquerda. Depressão/elação.		0,597	0,323			-0,364		
DPSU.D2 Desvio primário sagital UUs. Mão direita. Auto/hetero agressividade	-0,430	0,522	0,377	-0,316				
DPVL.E1 Desvio primário vertical lineogramas. Mão esquerda. Depressão/elação		0,511						
DPSL.D2 Desvio primário sagital lineogramas. Mão direita. Auto/heteroagressividade		0,494		0,306	-0,255			

Tabela A2. Matriz de cargas fatoriais das variáveis do PMK nos 8 fatores (cont.)

	Componentes							
	1	**2**	**3**	**4**	**5**	**6**	**7**	**8**
DSSL.D3 Desvio secundário sagital lineogramas. Mão direita. Intra/extratensão		0,315						0,313
DPSL.E2 Desvio primário sagital lineogramas. Mão esquerda. Auto/heteroagressividade		0,338	0,655					
DPSP.E2 Desvio primário sagital paralelas. Mão Esquerda. Auto/heteroagressividade			0,617					
DSHL.E2 Desvio secundário horizontal lineogramas. Mão esquerda. Auto/heteroagressividade			0,600				0,337	0,262
DPSP.D2 Desvio primário sagital paralelas. Mão direita. Auto/heteroagressividade			0,583					
DPSU.E2 Desvio primário sagital UUs. Mão esquerda. Auto/heteroagressividade		0,415	0,582	-0,341				
DSSU.D3 Desvio secundário sagital UUs. Mão direita. Intra/extratensão			-0,461		0,251			0,441
DPHL.D3 Desvio primário horizontal lineogramas. Mão direita. Intra/extratensão			-0,427	0,592		0,312		
DSVU.D4 Desvio secundário vertical UUs. Mão direita. Emotividade				0,572		0,274		
DSSPP.E3 Desvio secundário sagital Paralelas Egocífpetas. Mão esquerda. Intra/extratensão	0,304			-0,518				
DIFPP.E5 Diferença Paralela Egocípeta. Mão esquerda. Rigidez/impulsividade				0,498				
DSHL.D2 Desvio secundário horizontal lineogramas. Mão direita. Auto/heteroagressividade				0,363	0,354			

Tabela A2. Matriz de cargas fatoriais das variáveis do PMK nos 8 fatores (cont.)

	Componentes							
	1	2	3	4	5	6	7	8
DIFZG.D5 Diferença Zig Zag Egocífugo. Mão direita. Rigidez/impulsividade					0,698			
DIFZG.E5 Diferença Zig Zag Egocífugo. Mão esquerda. Rigidez/impulsividade					0,631			
DIFZP.D5 Diferença Zig Zag Egocípeto. Mão direita. Rigidez/impulsividade					0,553			
DIFZP.E5 Diferença Zig Zag Egocípeto. Mão esquerda. Rigidez/impulsividade	0,372				0,502		0,302	
DSVU.E4 Desvio secundário vertical UUs. Mão esquerda. Emotividade					0,386	-0,328		
DPVE.D1 Desvio primário vertical escadas.Mão direita. Depressão./elação				0,352	-0,355	-0,284		
DSSPG.D3 Desvio secundário sagital Paralelas Egocífugas. Mão direita. Intra/extratensão						0,703		
DSSPP.D3 Desvio secundário sagital Paralelas Egocípetas. Mão direita. Intra/extratensão						0,668		
DSSZG.D3 Desvio secundário sagital Zig Zag Egocífugo. Mão direita. Intra/extratensão				0,378		0,558	0,304	
DSSZP.D3 Desvio secundário sagital Zig Zag Egocípeto. Mão esquerda. Intra/extratensão			-0,372			0,417		
DSSZG.E3 Desvio secundário sagital Zig Zag Egocífugo. Mão esquerda. Intra/extratensão	0,372					0,397		-0,353
DPSZ.D2 Desvio primário sagital Zig Zag. Mão direita. Auto/heteroagressividade							0,781	

Tabela A2. Matriz de cargas fatoriais das variáveis do PMK nos 8 fatores (cont.)

	Componentes							
	1	**2**	**3**	**4**	**5**	**6**	**7**	**8**
DPSZ.E2 Desvio primário sagital Zig Zag. Mão esquerda. Auto/heteroagressividade	0,258						0,779	
DIFPG.E5 Diferença Paralela Egocífuga. Mão esquerda. Rigidez/iImpulsividade				0,278			-0,508	
DSVL.D4 Desvio secundário vertical lineogramas. Mão direita. Emotividade	0,306							0,638
DIFPP.D5 Diferença Pararlela Egocípeta. Mão direita. Rigidez/impulsividade				0,361				0,496
DIFPG.D5 Diferença Paralela Egocífuga. Mão direita. Rigidez/impulsividade								0,477
DSSZP.E3 Desvio secundário sagital Zig Zag Egocípeto. Mão esquerda. Intra/extratensão	0,384			-0,262			-0,321	-0,437